JIYU ZHISHI TUPU KESHIHUA DE
YANGLAO HULI YANJIU

基于知识图谱可视化的养老护理研究

主　编：韦　芳　查春梅

副主编：贾　栗　陈金妮　张　瑜　裴美娥

中山大学出版社
SUN YAT-SEN UNIVERSITY PRESS

·广州·

版权所有　翻印必究

图书在版编目（CIP）数据

　　基于知识图谱可视化的养老护理研究/韦芳，查春梅主编；贾栗等副主编．—广州：中山大学出版社，2023.12
　　ISBN 978 - 7 - 306 - 07968 - 8

　　Ⅰ. ①基…　Ⅱ. ①韦…　②查…　③贾…　Ⅲ. ①养老—服务业—产业发展—研究—中国　Ⅳ. ①F726.99

　　中国国家版本馆 CIP 数据核字（2023）第 242672 号

出　版　人：王天琪
策划编辑：曾育林
责任编辑：梁嘉璐
封面设计：曾　斌
责任校对：林　峥
责任技编：靳晓虹
出版发行：中山大学出版社
电　　话：编辑部 020 - 84113349，84110776，84111997，84110779，，84110283
　　　　　发行部 020 - 84111998，84111981，84111160
地　　址：广州市新港西路 135 号
邮　　编：510275　传　　真：020 - 84036565
网　　址：http://www.zsup.com.cn　E-mail：zdcbs@mail.sysu.edu.cn
印　刷　者：广东虎彩云印刷有限公司
规　　格：787mm×1092mm　1/16　14.75 印张　277 千字
版次印次：2023 年 12 月第 1 版　2023 年 12 月第 1 次印刷
定　　价：68.00 元

如发现本书因印装质量影响阅读，请与出版社发行部联系调换

内 容 提 要

　　本书利用当前使用广泛的科学文献可视化软件 CiteSpace，全面细致地对养老和护理领域的发展趋势与研究热点进行了系统性介绍。本书可使养老行业与护理专业研究者在最短的时间内高效地认识、理解及使用 CiteSpace 生成的科学图谱，从而更有效地进行相关领域的学习和科研实践。本书可作为医学人文、养老产业、护理行业、医学和生物信息专业、公共管理、管理科学与工程（科技管理、信息管理）及数据或信息可视化研究方向的本科生和研究生的参考书籍。

本书是 2018 年度广东省社科类社会组织课题《人类命运共同体：合作的进化—基于群体合作博弈论模型的研究》（编号：SL18SKT10）研究成果。

目　　录

第一编　护理领域

第二编　养老领域

第三编　医学领域

导论　CiteSpace 知识图谱的方法论功能

知识图谱是通过可视化来显示学科知识的一种图形，在组织内创造知识共享的环境，从而达到促进知识交流和研究深入的目的。对科学知识图谱的研究始于 20 世纪 50 年代，距今已经有几十年的历史。在科学知识图谱出现以前，科学计量学相关学者致力于寻找一种更具客观性、科学性、数据可用性且高效的新方法来研究科学学科的结构和演变，从而代替传统的研究方法。在科学知识图谱出现以后，相关理论研究不断涌现，相应的应用研究也不断得以延伸。

0.1　研究工具：CiteSpace

CiteSpace 在中文里可称为引文空间，是一款着眼于分析科学文献中蕴含的潜在知识，在科学计量学、数据可视化背景下逐渐发展起来的引文可视化分析软件。由于是通过可视化的手段来呈现科学知识的结构、规律和分布情况，因此也将通过此类方法分析得到的可视化图形称为科学知识图谱。

CiteSpace 软件的基本目的是从不同角度（如国家、权威机构、关键词等）识别科学文献并进行可视化分析。近年来，随着 CiteSpace 软件的引入，我国各领域的学者也在不同领域的研究中运用这个便捷有效的工具。

0.2　核心原理

0.2.1　哲学基础

托马斯·库恩的科学革命的结构给 CiteSpace 提供了哲学基础。库恩认为科学的推进是一个建立在科学革命上的往复无穷的过程。这个过程中会出现一个又一个的科学革命，人们通过科学革命接纳新的观点。

库恩的科学革命是新旧科学范式的交替和兴衰。科学认识中会出现危机，而危机所带来的新旧范式的转换会在学术文献里留下印记。库恩的理论提供了一个具有指导意义的框架，即如果科学进程真像库恩所描述的那样，那我们应该能从科学文献中找出范式兴衰的足迹。

0.2.2 核心设计灵感——结构洞

罗纳德·伯特的结构洞和库恩的范式转换在 CiteSpace 中得到了具体体现。库恩的范式体现为一个又一个时间段中出现的聚类，聚类的主导色彩揭示了它们兴盛的年代。伯特的结构洞则连接了不同聚类。我们可以从中更深入地了解一个聚类如何连接到另一个几乎完全独立的聚类，以及哪个具体文献在范式转换中起到了关键作用。结构洞的思想在 CiteSpace 中体现为寻找具有高度中介中心性的节点。这样，我们不再拘泥于具体论文的局部贡献，而是放眼于它们在学术领域整体发展中的作用。这恰恰是系统性学术综述所追求的飞跃。

0.3 数据下载

CiteSpace 的中英文数据包含多种来源，主要是中国知网、NSF、CSSCI、Scopus、Web of Science、PubMed 等。本文仅对中国知网与 Web of Science 数据下载进行介绍。

（1）中国知网数据下载。进入中国知网官网，使用高级检索功能进行检索，文献来源可以选择期刊、会议、博士与硕士学位论文、报纸、年鉴等。进行关键词检索，检索方式可以是主题、篇名、摘要等，进行关键词检索时需要注意检索时间，若搜索多个关键词，则可根据需要选择"并含"或者"或含"。若文献来源选择期刊，则可依据文献数量的多少或研究的实际情况选择全部期刊，或者核心期刊与 CSSCI 来源期刊、SCI 来源期刊等。由于在知网检索中包含新闻、广告、会议通知及与所选关键词无关的文献等，因此需要在导出文献时逐页检查，对样本数据进行选择与剔除。

（2）Web of Science（WoS）数据下载。进入 WoS 官网，在数据来源方面选择 WoS 核心文集数据库。输入关键词，关键词可以为标题、主题等。同样，若搜索多个关键词，关键词之间的关系可以为"并含"或者"或含"。之后设置检索时间、检索字段，文件类型一般选择"论文"。需要注意的是，在数据导出时，需要选择纯文本下的全记录与引用的参考文献。

0.4 图谱种类

CiteSpace 知识可视化软件可以根据不同来源的数据生成多种类型的知

识图谱，具体的图谱种类包括共被引图谱中的文献共被引、作者共被引、期刊共被引，以及国家文献分布、作者合作网络、机构合作网络、关键词共现网络、关键词聚类、关键词时间分布、关键词突现、文献耦合与基金分析等。本书对其中出现次数较多且比较重要的知识图谱加以分析。

（1）作者共被引知识图谱。作者共被引是指 2 个作者的文献共同被其他文献引用的现象。利用 CiteSpace 软件计算得出共被引作者关系，可以得到作者共被引网络图（图 0 - 1）。作者共被引图可以揭示出某个研究领域的学术共同体。例如，文献 A 同时引用了 C 和 D 两位作者的文献，那么作者 C 和作者 D 就是共被引关系；同时引用这两位作者的文献篇数叫共被引强度，此例共被引强度为 1，因为只有文献 A 同时引用了 C 和 D 的文献。再比如，文献 A 和文献 B 同时引用了作者 C、作者 D、作者 E 的文献，那么作者 C、作者 D、作者 E 就是共被引关系，此例共被引强度为 2。作者的共被引关系会随时间的变化而变化。

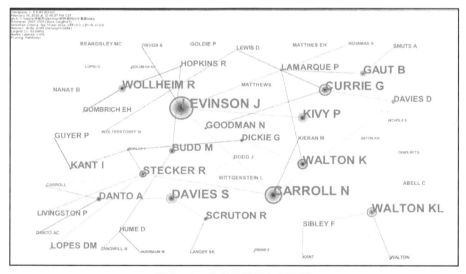

图 0 - 1　作者共被引知识图谱

（2）关键词共现网络知识图谱（图 0 - 2）。研究主题热点可以通过高频关键词反映出来。众所周知，关键词是一篇论文的核心概括，对论文关键词进行分析可以了解目标文章的主题。一篇论文给出的几个关键词一定存在着某种关联，这种关联可以用共现的频次来表示。一般认为，词汇对在同一篇文献中出现的次数越多，其代表的两个主题的关系越紧密。共词分析法利用文献集中词汇对或名词短语共同出现的情况来确定该文献集所代表学科中各主题之间的关系。

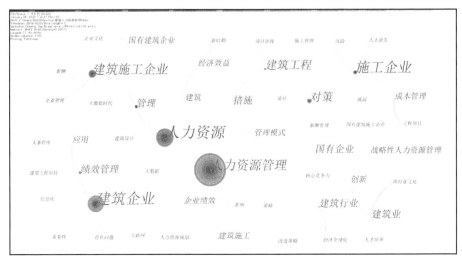

图0-2　关键词共现网络知识图谱

（3）关键词聚类知识图谱。在关键词共现网络知识图谱的基础上进行聚类分析处理，可以将表意相同的关键词归类为不同模块，将各个模块赋予标签，显示出其关键词，可以方便掌握某研究领域的不同类别（图0-3）。在关键词聚类知识图谱中，数字越小，聚类中包含的关键词越多，每个聚类是由多个紧密相关的词组成的。

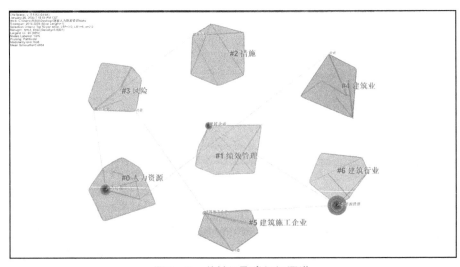

图0-3　关键词聚类知识图谱

模块值 Q 的大小与节点的疏密情况相关。一般认为，$Q > 0.3$ 意味着聚类结构显著，Q 值越大聚类效果越好，可以用来进行科学的聚类分析。平均轮廓值 S 的大小可以用来衡量聚类的同质性，一般认为 $S > 0.5$ 意味着聚类就是合理的，$S > 0.7$ 意味着聚类是令人信服的。S 值越大说明网络的同质性越高，表示该聚类是具有高可信度的。

参考文献

［1］ BURT R S. Structural holes and good ideas ［J］. American journal of sociology, 2004, 110 (2)：349 – 399.

［2］ BURT R S. Structural holes：the social structure of competition ［M］. Cambridge, Massachusetts：Harvard University Press, 1992.

［3］ KUHN T S. The Structure of scientific revolutions ［M］. Chicago：University of Chicago Press, 1962.

第一编

护理领域

第 1 章　基于 CiteSpace 的护理人员的国内研究现状与热点分析

1.1　数据来源与研究方法

1.1.1　数据来源

本章数据全部来源于中国知网数据库。数据收集时间为 2023 年 8 月 14 日。为了确保研究结果的科学性和准确性，在中国知网数据库中进行检索，文献来源选择学术期刊中的 CSSCI 来源期刊及北大核心期刊，并以"护理人员"为主题词，检索时间范围为 2012—2023 年，剔除访谈、年鉴、会议及主题不相关文献，最终获得有效文献 2114 篇。

1.1.2　研究方法

本章主要利用知识图谱的方法进行文献计量。CiteSpace 软件是由美国德雷塞尔大学陈超美教授研发的知识图谱软件，不仅可以挖掘引文空间的知识聚类和分布，还可以对作者、研究机构等知识单元进行共现分析。CiteSpace 软件主要基于共引分析理论和寻径网络算法等，对特定领域文献进行计量分析，通过图谱的绘制形成对研究演化的分析和发展前沿的探测。绘制出的图谱既是可视化的知识图形，又是序列化的知识谱系，显示了知识元和知识群之间的网络、互动、交叉、演化或衍生等诸多复杂关系。

1.2　研究时空分布

1.2.1　年度发文量分布

学术文献数量能够反映一定阶段内某一领域的研究概况、发展走势等，可以在一定程度上代表该领域学术研究的发展水平，同时也可以及时体现出社会发展与该领域之间的互动关系。通过对中国知网数据库中 CSSCI 来源期刊及北大核心期刊 2012—2023 年关于护理人员的论文文献的年度发文量的相关数据进行分析，发掘当前护理人员领域内的研究发展趋势（图1－1）。

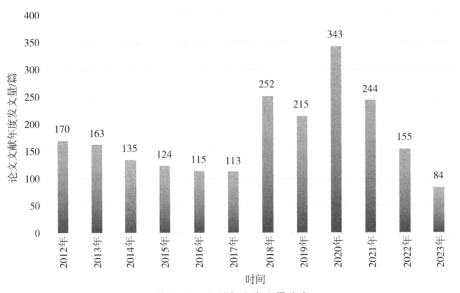

图1－1　文献年度发文量分布

从图1－1可以看到，在护理人员领域内的发文趋势总体上呈现上升的态势。2012—2017年，年度发文量处于下降的状态，但下降幅度较小，且年度发文量均不少于110篇，表明在此期间学者们对于护理人员领域研究不断加深，研究的内容包括老年病专科护理人员继发抑郁症的风险模型构建及应用、归纳国内护理绩效考评的方法及护理人员绩效评价研究现状、探讨目前我国绩效评价体系研究所存在的问题等；2018—2020年，发文量快速增加，并在2020年达到顶峰，为343篇，说明此时学者们对于护理人员这一研究领域的关注度显著上升，有较多的学者进行这一领域的研究，学者们的研究兴趣不断增加；2021—2023年，发文量开始下降，但对于整体研究趋势的走向影响不大，近期的研究内容包括如何构建护理人员共享决策能力自评量表及信效度检验、护理人员非物质激励力及影响因素分析等。

1.2.2　作者合作分析

在学术期刊上发表的文献的总数能够在一定程度上说明该作者在护理人员研究领域的学术地位，而作者合作网络能够清晰反映研究的核心作者群体及其合作关系。CiteSpace知识图谱软件可绘制出护理人员研究文献的作者合作图谱，以此来发现哪些有影响力的作者在护理人员领域进行研究。作者发文量越多，节点越大。作者间的合作通过作者连线的粗细和颜色展现出来，连线较粗的表示合作比较紧密。通过设置 Node Types 为 Author，时间跨度为2012—2023 年，Years Per Slice 为 1 年，Top N 值为 5，其余默认，最终生成主要作者合作知识图谱（图 1-2）及对应的主要作者发文数量表格（表 1-1）。

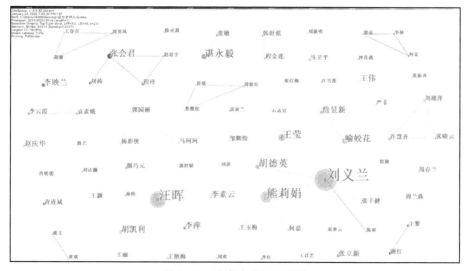

图 1-2　作者合作知识图谱

表 1-1　作者发文量统计

序号	作者	发文量/篇	时间	序号	作者	发文量/篇	时间
1	刘义兰	28	2014 年	11	李映兰	5	2012 年
2	汪晖	19	2018 年	12	李素云	5	2021 年
3	熊莉娟	13	2020 年	13	詹昱新	5	2020 年
4	胡德英	8	2019 年	14	王伟	5	2022 年
5	王莹	8	2014 年	15	张立新	4	2018 年
6	谌永毅	8	2018 年	16	赵庆华	4	2012 年
7	张会君	6	2012 年	17	刘涛	3	2014 年
8	喻姣花	6	2020 年	18	严非	3	2022 年
9	胡凯利	5	2021 年	19	程玲	3	2014 年
10	李萍	5	2013 年	20	青连斌	3	2017 年

由图 1-2 可知，有 183 位研究作者，作者间的连线有 211 条，表明在护理人员研究领域内研究作者数量较多，且作者间的合作非常紧密。同时出

现了 17 个研究合作团队，其中以作者刘义兰为中心的合作团队规模最大，包含 12 位研究作者，该研究团队针对居家老年人关爱志愿服务进行了探索，通过招募在职护理人员及护理院校学生志愿者，为有需求的居家老年人定期开展电话或上门志愿服务。结果表明，78.8% 的志愿者认为收获很大或较大，84.9% 的志愿者有很大或较大成就感。因此，该研究团队提出开展志愿者关爱服务可提高志愿者的幸福感与价值感，同时，这种志愿服务也促进了护理前后辈的交流，有助于增强护理价值的代际传承和促进护士的职业精神塑造。研究团队规模排在第二位的是以张会君为研究中心的研究团队，由 4 位研究作者组成，主要探讨了高级养老护理员心肺复苏急救知识的掌握现状及其影响因素，通过问卷调查总结出当前高级养老护理员的心肺复苏急救知识的掌握程度较低，应有针对性地提高高级养老护理员的心肺复苏急救知识的水平。其余合作团队规模较小，包含 2～3 位研究作者。

从表 1－1 上看，发文量排在前列的作者有刘义兰、汪晖、熊莉娟、胡德英、王莹、谌永毅，发文量均超过 7 篇。其中，来自华中科技大学同济医学院附属协和医院的作者刘义兰在图谱中的节点最大，发文量最多，为 28 篇；其研究的主要内容有构建综合医院护理人员人文关怀培训课程及应用等，课程包括人文关怀认知与知识、人文关怀技术与实践、人文关怀教学与培训和人文关怀研究等 4 个模块 15 项培训内容。来自华中科技大学同济医学院附属同济医院的作者汪晖的发文量排在第二位，为 19 篇；其分析了护理人员个人发展计划知信行现状及相关影响因素，通过采用自制的护理人员一般资料问卷和个人发展计划知信行问卷对 3298 名护理人员进行调查，结果显示，学历、职称、婚姻状况、岗位及对个人发展计划了解程度是护理人员个人发展计划知信行的影响因素。

1.2.3　关键词共现网络分析

关键词是一篇论文的核心概括，而一篇论文中列出的几个关键词一定存在着某种关联，这种关联可以用共现的频次来表示，其背后的基础为共词分析。共词分析法根据文献集中词汇对或名词短语共同出现的情况来确定该文献集所代表的学科中各主题之间的关系。利用 CiteSpace 可视化软件，设置 Years Per Slice 为 1 年，并设置 Selection Criteria 中 TOP N 的值为 10，并在 Pruning 选项中设置 Pathfinder、Pruning the merged network 等参数，以关键词共现网络的方法为主，最终生成护理人员研究关键词共现知识图谱（图 1－3）与关键词共现频次表（表 1－2）。

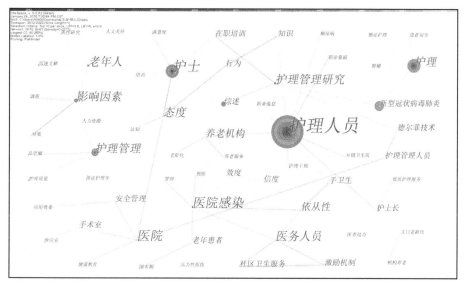

图 1-3　关键词共现知识图谱

表 1-2　关键词共现频次

序号	关键词	频次	中心性	序号	关键词	频次	中心性
1	护理人员	372	0.96	16	职业暴露	18	0
2	护理	182	0.15	17	安全管理	18	0.05
3	护士	159	0.77	18	人力资源	17	0
4	护理管理	117	0.15	19	人文关怀	14	0
5	新型冠状病毒肺炎	109	0.19	20	手术室	12	0.05
6	综述	81	0.05	21	对策	12	0
7	影响因素	76	0.28	22	职业倦怠	12	0
8	老年人	48	0.15	23	养老服务	11	0
9	医院感染	33	0.19	24	人口老龄化	10	0
10	护理管理研究	31	0.34	25	培训	9	0
11	综述文献	29	0	26	患者安全	8	0
12	养老机构	29	0.1	27	态度	8	0.9
13	护理质量	27	0	28	满意度	8	0
14	质性研究	26	0	29	护士长	7	0.05
15	医院	22	0.29	30	手卫生	7	0.38

从图 1-3 和表 1-2 可以看到，护理人员研究热点关键词主要集中于以下 4 个领域：

（1）关键词护理人员在图谱中的节点最为突出，且节点的外围圈非常明显。由表 1-2 可知，护理人员出现了 372 次，中心性为 0.96，在所有关键词中遥遥领先。护理人员作为老年人健康需求服务的主要提供者之一，其对老年人的态度不仅会影响老年人的自我价值感、社会参与度，而且对于整个老年医护服务的质量、社会健康老龄化的到来均有影响。

（2）与护理管理相关的关键词，如护理安全、安全管理、护理管理研究、优质护理服务及护理管理人员等，出现频次较多。护理管理是卫生事业管理的重要组成部分，护理管理水平会对医院医疗和护理质量、管理水平及卫生事业的发展产生直接影响。

（3）关于老年疾病的关键词，包括新型冠状病毒肺炎、新型冠状病毒、肿瘤、压力性损伤及糖尿病等。在"新冠"疫情期间，护理人员不仅面临生物性职业暴露的风险，同时还要承受高强度工作的压力。为了降低个人系统的脆弱性及能够有效应对突发公共卫生事件，护理人员个人层面应该强化标准预防意识，提高感染防控依从性，增强个人身心健康。

（4）关于养老机构的关键词，有机构养老、养老机构、养老服务等。安全可靠的养老机构对于恢复老年人的身体机能、提高老年人的生命质量具有重要意义。

1.2.4 关键词时间分布

关键词时间线知识图谱基于关键词聚类，将每类表意相近的关键词依据出现时间的先后由左向右依次展开，每个聚类包含的关键词处于聚类名称的下方。在 CiteSpace 可视化软件中，在关键词共现中点击"Timeline"，生成关键词时间线知识图谱（图 1-4），可以更加直观地了解护理人员领域研究主题热点的演进过程。

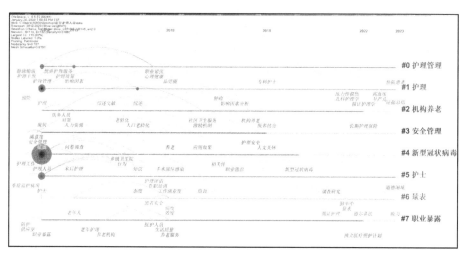

图 1 - 4 护理人员研究关键词时间分布

从图 1 - 4 可知，护理研究领域中的关键词有 8 个聚类，即 8 个研究方向，分别是护理管理、护理、机构养老、安全管理、新型冠状病毒、护士、量表、职业暴露。在出现聚类的知识图谱中，聚类的模块值 Q 的大小与节点的疏密情况相关，$Q = 0.797$，说明护理人员研究聚类的网络结构聚类效果较好，可以用来进行科学的聚类分析；平均轮廓值 S 的大小可以用来衡量聚类的同质性，$S = 0.6791$，表明同质性较高，不同聚类划分较好。

从关键词的时间分布来看，关键词在 2012 年开始出现，包括护理管理、护理干预、医院、职业暴露等。2013—2015 年，关键词数量较少，此期间包含的关键词为人力资源、术后护理、老年护理、老龄化等。2016—2019 年，关键词数量显著上升，说明这一阶段学者对护理人员的研究热度快速上升，研究数量不断上涨；出现的关键词包括医养结合、人文关怀、护理评估、养老服务等。2019 年以后，新增关键词数量开始减少。2022 年 4 月，国家卫生健康委员会发布的《全国护理事业发展规划（2021—2025 年）》指出，我国目前对老年护理服务需求迫切，需要有效增加老年护理服务供给。2023 年出现的关键词数量有回升的趋势，包括住院患者、道德困境、能力等。

1.2.5 关键词突现分析

突现词是指出现频次在短时间内突然增加或者使用频次明显增多的关

键性术语。CiteSpace 软件能够从文献的题目、关键词、摘要等信息中提取候选专业术语，通过跟踪分析它们在一段时间内的出现频次，识别出代表研究前沿的若干关键词。通过对关键词中的突现词进行分析，可以探究护理人员领域的发展趋势及前沿热点。本研究利用 CiteSpace 可视化软件在关键词共现网络基础上点击"Burstness"，进行突现词知识图谱绘制，如图 1-5 所示。

Top 22 Keywords with the Strongest Citation Bursts

Keywords	Year	Strength	Begin	End	2012—2023
职业暴露	2012	7.2402	2012	2014	
手术室	2012	6.2047	2012	2014	
护理工作	2012	3.9007	2012	2013	
糖尿病	2012	3.6067	2012	2014	
医院感染	2012	10.5989	2012	2015	
医院	2012	8.0353	2012	2015	
现状	2012	3.3526	2012	2013	
护理干预	2012	4.4611	2012	2013	
安全管理	2012	3.7297	2012	2014	
优质护理服务	2012	4.1359	2013	2014	
对策	2012	5.0181	2013	2014	
养老机构	2012	8.5373	2014	2018	
护理管理人员	2012	4.1406	2015	2017	
手卫生	2012	3.4537	2016	2017	
培训	2012	4.405	2017	2018	
护理质量	2012	5.4872	2018	2021	
综述	2012	5.4488	2018	2019	
护理管理研究	2012	7.1096	2019	2020	
人力资源	2012	5.7555	2019	2020	
循证护理	2012	4.6704	2021	2023	
老年人	2012	5.1192	2021	2023	
质性研究	2012	7.6628	2021	2023	

图 1-5 突现词知识图谱

图1-5显示了从2012年以来22个最具有引用激增性的关键词。从突现强度上看，强度最高的关键词为医院感染，强度高达10.5989。医院感染是指住院患者在医院内发生的感染，包括在住院期间发生的感染和在医院内获得出院后发生的感染，但不包括入院前已开始或入院时已处于潜伏期的感染，医院工作人员在医院内发生的感染也属于医院感染。其他强度较高的关键词有养老机构、医院、质性研究、职业暴露及护理管理研究，强度均高于7。从持续时间上看，突现词养老机构的持续时间最长，为5年，时间跨度是2014—2018年。持续时间排在第二位的突现词共有3个，分别为医院感染、医院及护理质量，持续时间均为4年。其余突现词持续时间均为2~3年。从研究趋势上看，2012—2015年主要关注护理工作、护理干预、优质护理服务等；2016—2020年主要关注护理质量、护理管理研究、人力资源等。循证护理、老年人、质性研究等关键词从2021年开始出现并持续至今，仍属于近期护理人员领域研究的热点内容。

1.3　研究结论

本章以CiteSpace知识图谱软件为基础，从科学计量的角度对护理人员研究文献进行数据整理及可视化分析，梳理了中国知网数据库2012—2023年该领域研究的前沿热点与演进历程，包括年度发文量、作者合作网络、研究主题热点、关键词时间分布、关键词突现等，以期为护理人员研究提供有益的借鉴和参考。主要研究结论如下：

（1）护理人员研究热度持续走高。从年度发文量上看，整体上，研究机构与学者对于护理人员的研究在近10年来保持上涨的趋势，2012—2017年，年度发文量处于下降的状态，但下降并不明显。2018—2020年，年度发文量快速增加。近2年的年度发文量有所下降。从作者合作知识图谱上看，共有183位研究作者进行研究，作者间连线有211条，作者间合作非常紧密；共出现了17个研究合作团队，其中以作者刘义兰为中心的合作团队规模最大，该研究团队包含12位研究作者。

（2）在护理人员领域研究热点中，主要关注护理人员、护理管理、老年疾病及养老机构等内容。在研究热点频次中，护理人员、护理、护士、护理管理等关键词出现频次超过100次。在关键词聚类与时间线中，共生成了8个聚类，分别为护理管理、护理、机构养老、安全管理、新型冠状病毒、护士、量表、职业暴露。关键词主要集中出现在2016—2019年及2022—2023年，其余年份出现数量较少。从突现词上看，2012—2023年间共出现22个最具有引用激增性的关键词，其中，养老机构、医院感染、医院及护理质量的持续时间比较靠前；而循证护理、老年人、质性研究仍属于近期护理人员领域的研究热点内容。

参考文献

[1]阿地垃·买买提，莫也赛尔·阿肯木，王燕．护理人员非物质激励力及影响因素分析［J］．护理学杂志，2023，38（7）：19－21，57.

[2]蔡斯斯，汪晖，刘于，等.护理人员个人发展计划知信行现状及影响因素分析［J］.护理学杂志，2021，36（18）：51－53.

[3]陈玲，张栋栋，史玉华，等.高职院校老年护理人才培养路径的设计与实践［J］.中华护理教育，2023，20（4）：445－450.

[4]陈悦，陈超美，刘则渊，等.CiteSpace知识图谱的方法论功能［J］.科学学研究，2015，33（2）：242－253

[5]程玲，杨春，李广，等.高级养老护理员心肺复苏知识现状及影响因素［J］.中国老年学杂志，2014，34（9）：2524－2526.

[6]邓俊，王鹏，陈小华．不同职务护士对护理管理资质认证培训需求及期望研究［J］.护理研究，2023，37（4）：727－731.

[7]胡迎新，吴丹，钱金平，等.护理人员共享决策能力自评量表的构建及信效度检验［J］.护理学杂志，2023，38（12）：1－4，12.

[8]李秋敏，王再生，李元玲，等．老年病专科护理人员继发抑郁症的风险模型及应用［J］.广东医学，2017，38（23）：3653－3657.

[9]李晓晖．养老护理人员胜任素质指标体系构建与应用——基于396名养老护理人员的调查［J］.中国流通经济，2021，35（3）：68－76.

[10]刘义兰，胡梦云，丰明姣，等.对居家老年退休护理人员关爱志愿服务探索［J］.护理学杂志，2023，38（5）：92－94.

[11]彭伟，刘艳，代凯利，等.国内护理人员绩效评价研究现状分析与探讨［J］.现代预防医学，2017，44（11）：2000－2002.

[12]邵浩峪，胡玲玉，左岩．基于CiteSpace的供应链可视化研究知识图谱分析［J］.包装工程，2023，44（15）：153－160.

[13]许娟，刘义兰，张丰健，等.综合医院护理人员人文关怀培训课程的构建与应用［J］.护理学杂志，2021，36（15）：54－56.

[14]袁梦琳，王莉，陈满满，等.护理人员对老年人态度状况及影响因素分

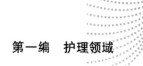
析 [J].护理学杂志,2022,37(2):52-55.

[15]张可,曾铁英,王成爽,等.脆弱性视角下新型冠状病毒肺炎疫情期间护理人员应对策略的思考 [J].医学与社会,2021,34(2):17-21.

第 2 章　基于 CiteSpace 的我国养老护理研究热点可视化分析

2.1　引言

21 世纪以来，人口老龄化问题不断加重，老年人失能、空巢化的现象越来越明显。按国际标准，一个国家或地区 60 岁以上的人口达总人口的 10% 以上，或 65 岁以上的人口达到总人口的 7% 以上，即为老龄化国家或地区。按照这一标准，中国在 1999 年末就已经进入老龄化社会。根据第七次人口普查数据，我国 65 岁以上人口的总量已经达到 1.9 亿，在全部人口中的比重为 13.5%，老龄化程度正在不断加深。党的二十大报告明确提出"实施积极应对人口老龄化国家战略"。随着生活水平的提高，老年人对养老服务的需求也逐渐增加。近年来，养老护理逐渐引起了学者们的广泛关注，研究成果丰富。本章通过对既有文献的整理与归纳，运用 CiteSpace 文献计量软件梳理我国养老护理研究的发展脉络，分析研究热点的发展趋势，以期对未来养老护理的相关研究提供参考与借鉴。

2.2　数据与研究方法

2.2.1　数据来源

为了确保原始数据的全面性、准确性和高度可信性，本章使用中国知网数据库作为数据来源。具体地，在中国知网数据库的学术期刊中，以"养老护理"作为检索词进行检索，检索范围为 2012—2023 年，同时剔除报告、会议记录、广告等与养老护理不相关的文献，最终得到 2714 条有效数据。在下载时保存为纯文本格式，运用 CiteSpace 可视化软件进行格式转化，作为本章的数据。

2.2.2　研究方法

CiteSpace 是一个基于网络的 Java 应用程序，用于数据分析和可视化。它是信息可视化分析领域一个独特而有影响力的应用软件。CiteSpace 可视化软件可分析共同引用、共同作者和共同出现的关键词，这可为研究领域的分析提供方向。CiteSpace 具有 3 个核心概念：突发检测、中介中心性和异构网络。这些概念可以解决 3 个实际问题：确定研究领域的性质，标记关键词，以及确定新出现的趋势和时间上的突然变化。CiteSpace 用紫色色带突出显示具有高中间中心性的节点。紫色色带中心剪裁的厚度表明其中介中心性，剪裁越厚，中介中心性越强。基于研究前沿和知识库之间关于时间变量的二元性，CiteSpace 通过从研究前沿到知识库的时间映射，探索学科发展的动态机制。其以直观的视觉形式展示某一学科或知识领域在某一时期的发展趋势，并分析若干研究前沿领域的演变。

2.3　结果

2.3.1　文献发文量分析

一段时间内某一研究领域发表的学术文献数量的多少能够反映该领域的研究概况、发展态势等，可以在一定程度代表该领域学术研究的发展水平，同时也可以及时体现出社会发展与该领域之间的互动关系。随着时间的推移，发表文献数量的变化趋势可以从宏观的角度反映该领域的发展趋势。通过对来自中国知网数据库的养老护理领域研究发文数量的统计，从图 2-1 可以看出，近 10 年国内学者对养老护理的研究关注度持续走高，且每年度的平均发文数量在 100 篇以上，研究关注度显著上升（图 2-1）。具体分为 3 个阶段。①2012—2016 年。在此阶段，养老护理领域发文数量快速上升，由 2012 年的 90 篇上涨至 2016 年的 243 篇，表明此阶段国内学者对养老护理的研究关注度显著提高，研究热度显著上升。②2017—2021 年。在此阶段，养老护理领域发文数量稳步上升，并在 2021 年达到最高点，为 339 篇。2021 年的相关研究文献包括《养老机构养老护理员职业认同现状及影响因素分析》《我国养老护理职业教育的进展、问题及政策建议》《养老护理员工离职意愿的影响因素研究——基于模糊集的定性比较分析》等。③2022—2023 年。这一阶段虽发文量有所下降的状态，但养老护理研究仍是广受学术界关注的热点内容。

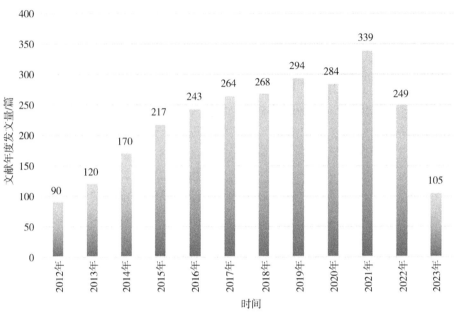

图 2-1　文献年度发文量统计

2.3.2　作者合作分析

作者合作网络能够清晰反映作者在养老护理领域的学术地位及对于该研究领域的贡献程度，也能体现研究的核心作者群体及其合作关系。CiteSpace 知识图谱软件可以绘制出养老护理研究文献的来源作者图谱。图谱中的节点越大表示发文量越多；作者间的合作通过作者连线的粗细和颜色展现出来，连线较粗的表示合作比较紧密。在 CiteSpace 软件中，设置 Node Types 为 Author，Top N 值为 5，绘制出养老护理研究领域主要作者知识图谱（图 2-2），以此查看作者在合作网络的重要性指标及相关的网络属性。

从图 2-2 可以看出，在国内作者合作网络知识图谱中，作者数量较多，共有 155 位作者对该领域进行了研究；作者间的连线有 123 条，作者间的合作较为紧密，共出现了 19 个研究团队。从研究作者的合作度上看，主要作者间的合作度较高，可以认为在养老护理相关领域内局部形成了严密成熟的合作网络。其中，以韩玲等作者为研究中心的研究团队规模最大，包括 6 位研究学者。该团队主要研究了如何构建养老机构护理员岗位胜任力评价

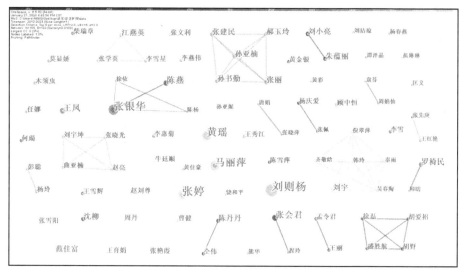

图2-2 研究作者合作图谱

体系，通过采用阅读文献和咨询相关专家的方法初步构建养老机构护理员岗位胜任力评价体系，经过2轮德尔菲法完成评价体系的构建，并验证了养老机构护理员岗位胜任力方案评价体系的科学、可靠，可用于资深护士对养老机构护理员的岗位胜任力评价。排在第二位的是以孙亚楠等作者为中心的合作团队，由5位研究学者组成。该研究团队主要针对养老机构服务效率评价的文献进行综述分析认为国内学者利用数据网络分析对养老机构服务效率进行评价的起步较晚，绝大多数研究是针对特定区域内养老机构某一固定时间段的服务效率进行的，对当地养老机构有一定借鉴意义。分别以张银华及赵亮等为研究中心的合作团队范围排在第三位，共包含4位研究学者。后者的研究方向主要为如何发挥财政职能作用来提升养老产业建设水平。其余研究团队的规模较小，均由2～3位研究学者组成。

从作者发文数量上看，整体上各作者发文量比较平均。发文量较为靠前的作者有张婷、刘则杨、张银华、黄瑶及马丽萍等，发文数量均在10篇以上。其中，张婷与刘则杨的节点最大，在养老护理研究领域的发文数量最多，为14篇。来自湖南中医药大学的研究学者张银华排在第三位，发文量为12篇，其主要研究了养老护理员的工作压力、社会支持及养老机构护理员实施身体约束体验等内容。她认为养老护理员普遍面临中等程度的工作压力且社会支持度不高，两者呈显著的负相关关系；而在护理员使用身体约束过程的情感体验中，以负性体验为主，护理员通常采取内外部策略应对负性情绪，对此养老机构管理者应引起重视。

2.3.3　关键词共现网络分析

关键词是描述文章核心内容的代表性词汇，出现的频次越高表示研究热度越高，高频关键词可反映该研究领域的热点问题。共词分析是通过统计文献集中词汇对或名词短语的共现情况来反映关键词之间的关联强度，进而确定这些词所代表的学科或领域的研究热点、组成与范式，横向和纵向分析学科领域的发展过程和结构演化。在 CiteSpace 可视化软件中，以关键词共现网络的方法为主，生成养老护理研究关键词共现网络知识图谱，如图 2 – 3 所示。

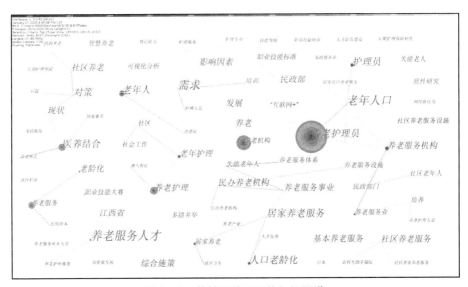

图 2 – 3　关键词共现网络知识图谱

（1）主要关键词养老护理员在图谱中的节点最为突出，出现次数最多，为 773 次，同时其节点外围非常明显，中心性较高，高达 0.95，与其他关键词联系较为紧密。随着我国"高龄少子化"人口结构问题突显、老年人口快速增长、家庭养老功能快速弱化、家庭养老逐渐向社会养老转变，养老护理员成为养老照护服务的主力军。养老护理员作为养老服务递送的实际执行者，对其优化配置是保障老年人享受高质量服务的关键环节。

（2）关于养老机构的关键词有养老机构、养老服务机构、养老院、民办养老机构及机构养老等。养老机构是指为老年人提供饮食起居、清洁卫生、生活护理、健康管理和文体娱乐活动等综合性服务的机构。机构养老是老年人社会化养老的重要方式。在我国，人们普遍关注机构养老及其服务质量。

（3）与护理人员相关的关键词有护理员、养老服务人才、护理人员、养老护理员及人才队伍建设等。随着我国人口老龄化步伐的加快，如何完善养老服务体系，提供社会化、多层次的养老服务成为我国当前亟待解决的社会热点问题。提高养老护理人员素质和保障服务水平，是推进我国养老服务体系发展的关键。因此需要加强养老护理人才培养，打造专业人才队伍，建立健全养老护理人才待遇保障机制，实施政府补贴制度，等等。

（4）关于养老服务的关键词包括养老服务业、社区养老服务、居家养老服务、基本养老服务、养老护理服务等。伴随着老龄化进程，养老护理服务已逐渐由完全家庭养老护理服务向社会养老护理服务过渡。

从代表节点促进作用的中心性指标（表2-1）上看，2012年出现的关键词护理的中心性最高，节点外围最为明显，中心性为1.03，与其他关键词联系最为紧密。其他中心性高于0.8的关键词还包括养老服务机构、养老护理员、养老机构、老年人口，与其他关键词之间的联系较为紧密，说明这些关键词经常处于和其他关键词通信的路径中，对文献之间的互引关系产生积极作用。

表2-1　关键词频次统计

序号	关键词	频次	中心性	序号	关键词	频次	中心性
1	养老护理员	773	0.95	16	培训	73	0.18
2	养老机构	355	0.92	17	护理人员	68	0
3	养老护理	241	0.35	18	人才培养	63	0
4	养老服务	231	0.04	19	养老服务体系	62	0.04
5	医养结合	215	0.25	20	对策	53	0.51
6	老年人	193	0.13	21	影响因素	47	0.09
7	护理员	128	0.23	22	现状	44	0.32
8	人口老龄化	119	0.13	23	护理	44	1.03
9	老年护理	101	0.44	24	老年人口	41	0.86
10	养老服务机构	101	0.97	25	养老模式	39	0
11	养老服务人才	91	0.25	26	养老	37	0.26
12	居家养老	89	0.04	27	社会养老服务体系	34	0.17
13	老龄化	82	0.13	28	长期护理保险	34	0
14	养老服务业	80	0.08	29	职业技能大赛	33	0.28
15	居家养老服务	76	0.26	30	民政部	32	0.12

2.3.4 关键词演进分析

为了探究养老护理研究主题发展演进过程，本章利用 CiteSpace 软件，在关键词共现网络的基础上点击"Timezone"，生成关键词时区知识图谱，如图 2-4 所示。时区知识图谱能依据时间先后将文献的更新及文献间的相互关系清晰地展示在以时间为横轴的二维坐标中。在时区知识图谱中，节点大小表示该关键词出现的频次；节点所处的年份表示该关键词首次出现的时间；节点间的连线表示不同关键词同时出现在一篇文章中，预示着不同时段间的传承关系；不同年份出现的文献数量代表该时间发表的成果，也说明该领域所处的时期或阶段。

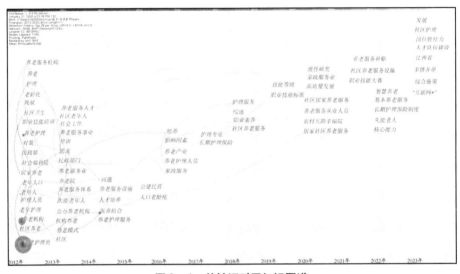

图 2-4　关键词时区知识图谱

通过图 2-4 可以看出，在养老护理研究领域，新增关键词首先出现于 2012 年，且关键词集中出现于 2012—2013 年，2012 年出现的关键词包括护理、养老服务机构、养老护理员、养老机构、老年人口等，2013 年出现的关键词包括社区、社区老年人、民政部门、养老服务事业及养老服务人才等。这表明这两年学者们对于养老护理研究兴趣较高，研究数量较多，奠定了相关研究的基础。2014—2019 年，关键词数量较少，研究内容由人口老龄化、养老问题等转为护理服务、职业技能标准等。近年来关键词数量显著上升，出现了智慧养老、长期护理保险制度、"互联网＋"、岗位胜任力等关键词，表明这些关键词有潜力成为今后研究的热点内容。

2.3.5　关键词突现分析

突现词是指较短时间内使用频次较高的关键词，可以在一定程度上帮助分析某段时间的研究趋势及发展方向。CiteSpace 软件能够从文献的题目、关键词、摘要等信息中提取候选专业术语，通过跟踪分析它们在一段时间内的出现频次，识别出代表研究前沿的若干关键词。利用 CiteSpace 可视化软件，在关键词共现网络基础上点击"Burstness"，绘制出养老护理研究领域突现词知识图谱（图 2-5）。

观察图 2-5 可以看出，在养老护理研究领域共出现了 23 个最具有引用激增性的关键词，时间段上突出部分表示突现词出现的起止时间和关键词的演进历程。从突现强度上看，强度最高的关键词为社会养老服务体系，强度高达 15.6576。养老与人们的生活休戚相关，国家"十三五"规划提出积极应对老龄化，健全多层次养老服务体系。其余强度较高的突现词有民办养老机构、养老服务业、高质量发展等，在历经"补充""支撑"到"充分发展"的定位转变过程中，养老机构在老年健康照护体系中的作用不断突显，形成了以民办养老机构为主体的社会力量参与养老服务供给的社会化格局。从突现词持续时间上看，养老服务业的持续时间最长，为 7 年，由 2013 年持续到 2019 年；对策、养老院持续时间排在第二位，均为 5 年，前者由 2012 年持续至 2016 年，后者由 2013 年持续至 2017 年；其余突现词持续时间均在 4 年及以下。从研究趋势上看，近几年更加关注质性研究、养老服务人才、长期护理保险、养老服务体系等研究内容。

Top 23 Keywords with the Strongest Citation Bursts

Keywords	Year	Strength	Begin	End	2012—2023
社会福利院	2012	4.4523	**2012**	2014	
老年人口	2012	5.5652	**2012**	2015	
社会养老服务体系	2012	15.6576	**2012**	2015	
民办养老机构	2012	10.5515	**2012**	2015	
养老服务机构	2012	5.2297	**2012**	2014	
对策	2012	5.5419	**2012**	2016	
居家养老服务	2012	4.8958	**2012**	2015	
养老服务业	2012	9.5841	**2013**	2019	
养老院	2012	5.8579	**2013**	2017	
现状	2012	7.5388	**2014**	2017	
居家养老	2012	5.9317	**2015**	2018	
养老产业	2012	4.3347	**2016**	2017	
家政服务	2012	4.3008	**2016**	2018	
养老模式	2012	7.1032	**2016**	2018	
医养结合	2012	4.3193	**2018**	2020	
养老护理服务	2012	6.8232	**2019**	2020	
社区养老服务	2012	5.2052	**2020**	2023	
高质量发展	2012	8.4419	**2020**	2023	
养老服务从业人员	2012	4.8535	**2020**	2021	
质性研究	2012	5.6109	**2020**	2023	
养老服务人才	2012	6.1238	**2021**	2023	
长期护理保险	2012	4.0455	**2021**	2023	
养老服务体系	2012	7.0988	**2021**	2023	

图 2-5 关键词突现知识图谱

2.4 研究结论

本章利用 CiteSpace 信息可视化软件，对近 10 年养老护理研究文献进行数据整理及可视化分析，探讨了国内养老护理领域研究的前沿热点与演进历程，主要结论如下：

（1）从研究关注度上看，国内养老护理研究发文数量在近 10 年整体表现出上升的趋势。具体分为 3 个阶段：2012—2016 年养老护理领域研究数量快速上升；2017—2021 年养老护理领域研究数量稳步上升；2022—2023 年研究发文量处于缓慢下降的状态，但下降幅度较小。

（2）在作者知识图谱中，对于该领域的研究作者数量较多，作者间的合作较为紧密，共出现了 19 个研究团队，最大的研究团队由 6 位研究作者构成。从研究热点上看，养老护理的研究方向主要集中于养老护理员、养老机构、护理人员及养老服务等内容。在关键词时间分布中，养老护理在 2012 年首次出现，且关键词集中出现于 2012—2013 年，表明这两年学者们对于养老护理研究兴趣较高，研究数量较多。2014—2019 年，关键词数量较少，研究内容由人口老龄化、养老问题等转为护理服务、职业技能标准等。近期出现的关键词包括智慧养老、长期护理保险制度、"互联网＋"、岗位胜任力等。从突现词上看，共出现 23 个突现词，突现词数量较多，其中，社会养老服务体系、民办养老机构、养老服务业、高质量发展等突现词强度较高，而养老服务业、对策等持续时间较长。

参考文献

[1]陈杨，张银华，蒲海旭，等.养老机构护理员实施身体约束体验的质性研究［J］.护理学杂志，2020，35（22）：63 – 66.

[2]陈悦，陈超美，刘则渊，等.CiteSpace 知识图谱的方法论功能［J］.科学学研究，2015，33（2）：242 – 53.

[3]达朝锦，黄延锦，卢玉彬，等.基于互联网招聘信息挖掘的养老护理员岗位胜任力分析［J］.护理学杂志，2023，38（8）：58 – 62.

[4]韩巍.典型国家养老护理技能人才培养模式及对我国的启示［J］.中国职业技术教育，2023（21）：76 – 82.

[5]韩烨，冀然，付佳平.民办养老机构可持续发展的困境及对策研究［J］.人口学刊，2021，43（4）：89 – 97.

[6]黄惠榕，刘秦宇，韩雪琪，等.基于 CiteSpace 的国内外科护理教学模式的可视化分析［J］.医学理论与实践，2020，33（11）：1742 – 1745.

[7]姜春，刘辉.积极老龄化背景下机构养老服务质量研究的理论框架及其新维度［J］.宁夏社会科学，2023（2）：136 – 149.

[8]蒋军成，高电玻，张子申.我国社会养老服务体系供给侧改革：个省案

基于知识图谱可视化的养老护理研究

例研究 [J].湖北社会科学，2018（4）：48-57.

[9]焦娜娜，钟志宏，李玉，等.养老机构养老护理员职业认同现状及影响因素分析 [J].现代预防医学，2021，48（21）：3870-3874.

[10]李瑞玲，韩玲玉，李敏，等.养老机构护理员岗位胜任力评价体系的构建 [J].中华护理教育，2019，16（8）：606-609.

[11]李晓晖.养老护理人员胜任素质指标体系构建与应用——基于396名养老护理人员的调查 [J].中国流通经济，2021，35（3）：68-76.

[12]刘理晖，王伟进，顾天安，等.我国养老护理职业教育的进展、问题及政策建议 [J].中国职业技术教育，2021（17）：10-17.

[13]马跃如，文铮.供需匹配视角下居家养老护理员调度研究 [J].工业工程与管理，2023，28（2）：66-78.

[14]宋悦，韩俊江.养老护理服务的经济学分析 [J].税务与经济，2016（5）：59-64.

[15]孙亚楠，孙书勤，张建民，等.基于数据包络分析法的养老机构服务效率评价文献综述 [J].中国卫生产业，2020，17（6）：172-174，177.

[16]谭玉婷，徐侬，谭雅琼，等.养老护理员工作压力及其影响因素分析 [J].中国护理管理，2017，17（7）：955-959.

[17]吴红艳，王洁玉，刘义兰，等.我国养老护理人文关怀的文献计量学分析 [J].医学与社会，2019，32（12）：68-71.

[18]徐学英，吴红敏.我国养老护理保障制度的现状及展望 [J].西北人口，2011，32（1）：109-113.

[19]张晓光，赵亮，刘宇坤，等.晋中财政充分发挥财政职能提升养老产业建设水平 [J].山西财税，2021（12）：10-12.

[20]赵琛徽，刘欣.养老护理员工离职意愿的影响因素研究——基于模糊集的定性比较分析 [J].人口与经济，2021（2）：71-83.

[21]XIAO F J，LI C Z，SUN J M，et al. Knowledge domain and emerging trends in organic photovoltaic technology：a scientometric review based on CiteSpace analysis [J]. Frontiers in chemistry，2017，5：67.

第 3 章 基于知识图谱可视化的老年护理研究进展

　　2020 年第七次全国人口普查数据显示，我国 60 周岁及以上的人口占比约为 18.70%，与 2010 年相比，这一比重提高了 5.44 个百分点，65 周岁及以上的人口占比约为 13.50%，中国人口老龄化呈快速发展趋势。然而，当前全国养老服务组织护理人员总量在 100 万人左右，老龄服务面临劳动力断层和需求间的巨大差异。因此，老年护理问题变得越来越重要。老年护理是保障老人得到高质量服务的关键因素，能提高老年人的生活质量，帮助他们保持独立自主的生活能力，并解决他们面临的各种健康和生活问题。尽管学者们对于老年护理的研究数量较多，但鲜有研究从科学计量学角度对老年护理进行量化分析。老年护理的文献分布如何、有哪些学者对老年护理进行研究、老年护理的研究主题热点如何、围绕什么问题进行研究、最近的研究趋势如何，对这些问题的回答有助于把握老年护理研究领域的力量、研究热点和发展趋势。

3.1　数据来源与研究方法

3.1.1　数据来源

　　本章数据全部来源于中国知网数据库，数据收集时间为 2023 年 8 月 24 日。为保证研究结果的科学性和准确性，在中国知网的学术期刊中进行高级检索，以"老年护理"为检索词，检索范围为 CSSCI 来源期刊及北大核心期刊，检索时间跨度为 2012—2023 年。最终得到 881 条有效数据。

3.1.2　研究方法

　　本章通过借助科学知识图谱的方法对国内老年护理的研究热点与发展演进历程进行研究。软件工具版本为 CiteSpace 5.5.R2。该分析软件由美国德雷塞尔大学的陈超美教授基于 Java 语言环境开发，主要用于文献的计量学分析，可以直观且系统地呈现某研究领域在特定时间阈限内的知识基础、热点研究主题和研究前沿趋势。科学知识图谱是以科学知识为对象，显示科学知识的发展进程与结构关系的一种图形。它既是可视化的知识图形，又是序列化的知识谱系，显示了知识元和知识群之间的网络、互动、交叉、演化或衍生等诸多复杂关系。本章选取 CiteSpace 软件作为分析工具，主要对研究作者、关键词热点、关键词聚类、突现词等一系列基本信息进行可视化分析，以期找到老年护理的科学研究前沿。

3.2 研究时空分布

3.2.1 文献数量分布

在某段时间内老年护理研究领域发表的学术文献数量可以在一定程度上反映该领域学术研究的理论水平，同时也能够及时体现出社会发展与该领域之间的互动关系。本章将通过文献数量的变化预测某领域研究的发展趋势并做出合理的动态分析。2012—2023 年，老年护理领域文献年度发文量的统计如图 3 – 1 所示。

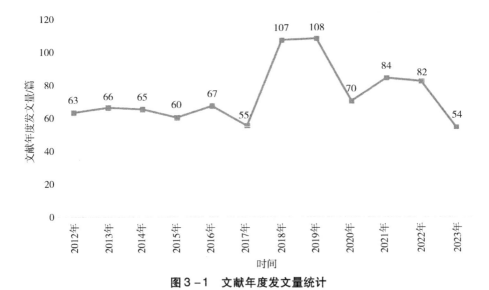

图 3 – 1　文献年度发文量统计

观察图 3 – 1，可以发现，近 10 年来国内在老年护理领域研究的发文在数量上呈现波动上升的态势，具体分为 3 个阶段。阶段一是 2012—2017 年。该阶段年度发文量表现出较为平稳的趋势，平均发文量在 63 篇左右，且变化幅度不大，表明在此期间，学者们对于老年护理研究处于稳定阶段。该阶段研究的重心在于老年人护理人才的培养及老年人护理服务需求的影响因素等。阶段二是 2018—2019 年。该阶段年度发文量表现出快速上升的趋势，发文数量由 2017 年的 55 篇上涨到 2019 年的 108 篇，体现出学者对老年护理这一研究领域的关注度明显上升，越来越多的研究学者进入这一领域开展研究，各学者的研究兴趣不断增加，合作程度不断加深。阶段三是 2020—2023 年。这一阶段年度发文量表现出下降的趋势，但下降幅度并不明显，其中，检索截止时间为 2023 年年中，并非一整年，因此研究数量并不完整。老年护理仍属于热门的研究领域。

3.2.2 作者合作网络分析

某位作者在学术期刊上发表的文献总数能够在一定程度上说明其在老年护理领域的学术地位，而作者合作网络能够清晰反映出研究的核心作者群体及其合作关系。因此，通过运用 CiteSpace 知识可视化软件生成老年护理研究文献的来源作者图谱，可以了解在此领域中具有影响力的作者。在图谱中，节点越大表示发文量越多；作者间的合作度通过作者间连线的粗细和颜色展现出来，连线较粗的表示合作比较紧密。本章通过对 Top N 值为 5 的文章进行采集，在 Node Types 中选择 Author，时间跨度为 2012—2023 年，Years Per Slice 保持不变，以此为基础绘制作者合作知识图谱（图 3-2）。

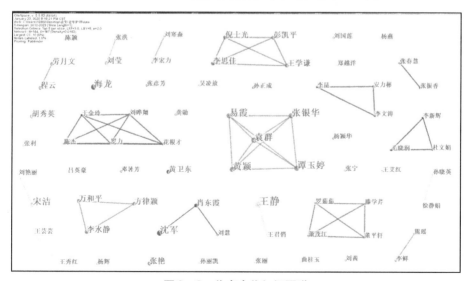

图 3-2 作者合作知识图谱

观察图 3-2 可知，在老年护理这一领域研究中，共出现了 144 位研究作者，作者数量较多，作者间的连线有 187 条，作者间的合作非常密切，共出现了 17 个研究团队。规模最大的研究团队由 5 位作者构成，共有 2 个，分别是以谭玉婷为中心和以罗力为中心的研究合作团队。其中，以谭玉婷为中心的研究团队主要研究老年护理员抑郁情绪与离职意愿的相关性。该研究团队采用便利抽样法，以长沙市 18 所养老机构的 468 名老年护理员作为研究对象，运用抑郁自评量表和离职意愿评估量表进行调查。结果表明，老年护理员抑郁情绪越重，离职意愿越高。因此，应寻求缓解老年护理员抑郁情绪的有效途径，以减少老年护理人才的流失，促进养老事业的发展。以罗力为中心的研究团队主要针对老年护理资源配置进行探索，研究结果指出老年护理资源是区域卫生资源的组成部分，对老年护理资源的配置的探索不能超出区域卫生资源配置的范畴。分别以董茂江为代表及以王学谦为代表的研究合作团队规模次之，包括 4 位作者。前者通过调查老年人的护理需求，认为老年人普遍具有多种健康问题和生活困扰，应针对老年人的身心健康状况及护理需求提供相应的护理服务，以提高老年人的生活质量；后者探索了老年心理健康护理的一种新方法——社会辅助型机器人。其余研究团队规模较小，每个研究团体均由 2～3 位作者组成。

在作者发文数量中，排在前列的作者主要有王静、海龙、沈军、黄颖、张银华、袁群、易霞、宋洁及谭玉婷，发文量均在 4 篇及以上，其余作者发文量为 2～3 篇。王静的节点最大，发文量最多，为 5 篇；其作为华中科技大学的研究学者，研究了老年护理人员安宁疗护的知信行现状及相关影响因素，并提出老年护理人员安宁疗护的知识、行为、态度水平有待进一步提升，尤其需要加强社区护士安宁疗护知识的培训，并发挥三级甲等医院护士的引领作用，以促进三级甲等医院与社区安宁疗护的共同发展，让更多的老年人受益于安宁疗护服务。来自重庆护理职业学院的沈军发文量为 4 篇，研究的主要方向为基于奥马哈系统对老年痴呆患者护理进行分析，通过分析老年痴呆患者护理记录与奥马哈系统条目吻合程度，探讨了该系统用于描述老年痴呆患者症状、体征和护理干预措施的可行性，从而有望促进我国老年痴呆护理标准化语言的应用。

3.3 研究主题热点

3.3.1 关键词共现网络分析

关键词是一篇论文的核心概括，而一篇论文中列出的几个关键词一定存在着某种关联，这种关联可以用共现的频次来表示。一般认为，词汇对在同一篇文献中出现的次数越多，代表这两个主题的关系越紧密。本章在CiteSpace 可视化软件中，将 Years Per Slice 设置为 1 年，并设置 Selection Criteria 中 TOP N 的值为 10，并在 Pruning 选项中设置 Pathfinder、Pruning the merged network 等参数，以关键词共现网络的方法为主，最终生成老年护理研究关键词共现知识图谱（图 3 - 3）与关键词频次分布表（表 3 - 1）。

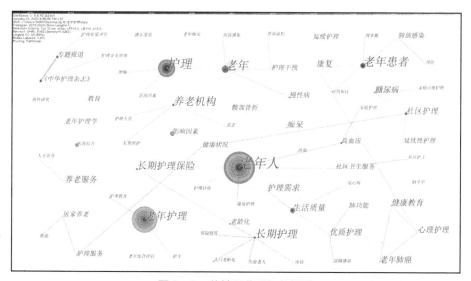

图 3 - 3 关键词共现知识图谱

（1）关键词"老年人"的节点最大，出现频次最多，为 162 次。其他与老年人相关的关键词包括老年、老年护理学及老年患者等。我国是世界上老年人口最多的国家。根据第七次全国人口普查数据显示，我国 60 岁及以上老年人口已达 2.64 亿，占比达到 18.7%。老龄化程度进一步加深，老年人群的健康问题与养老护理问题备受关注。

（2）关于老年护理的关键词有护理、社区护理、长期护理、延续性护

表 3-1　关键词频次分布

序号	关键词	频次	中心性	序号	关键词	频次	中心性
1	老年人	162	0.7	16	护理教育	12	0
2	老年护理	144	0.19	17	糖尿病	12	0.2
3	护理	95	0.5	18	人口老龄化	12	0
4	老年	40	0.49	19	痴呆	11	0.07
5	综述	39	0.21	20	护理质量评价	10	0
6	老年患者	34	0.28	21	慢性病	10	0.28
7	生活质量	33	0.15	22	老年护理学	10	0.04
8	影响因素	26	0.17	23	高血压	9	0.04
9	医养结合	25	0	24	德尔菲法	9	0
10	专题报道	20	0	25	老年痴呆	8	0
11	社区护理	19	0.19	26	健康教育	8	0.04
12	《中华护理杂志》	19	0	27	老龄化	8	0.2
13	养老机构	13	0.24	28	抑郁	8	0
14	长期护理	13	0.17	29	延续性护理	7	0.07
15	长期护理保险	13	0.36	30	心理护理	7	0.14

理及心理护理等。目前，我国人口老龄化具有老年人口规模巨大、老龄化发展迅速等特点，需要加强老年护理方面的准备工作，构建适合我国国情的老年护理服务体系。

（3）关于老年疾病的关键词有糖尿病、痴呆、慢性病、老年痴呆等。国际阿尔兹海默病协会报告，2018 年全球约有 5000 万人患有痴呆。而《阿尔茨海默病源性轻度认知障碍诊疗中国专家共识2021》显示，目前我国 60 岁以上人口中，痴呆患者约 1507 万人，其中阿尔茨海默病患者约 983 万人。因此，提升照顾者护理能力对延缓老年痴呆患者疾病进程、减轻照顾者负担至关重要。

（4）与研究方法相关的关键词有德尔菲法、质性研究等。目前学者们多采用德尔菲法对老年护理相关指标评价进行构建，如老年人"互联网＋居家护理"服务风险评价指标体系构建、老年认知症护理员核心能力指标体系构建等。

3.3.2　关键词聚类分析

在图3-3的基础上进行聚类分析，可以将表意相同的关键词归类为不同模块，将各个模块赋予标签显示出其名称，以便我们掌握老年护理研究的不同类别。关键词聚类知识图谱如图3-4所示。从图3-4可以看出，该图谱共包含80个节点，连线有83条，网络密度为0.0263。聚类顺序为0～7，数字越小表示聚类中包含的关键词越多，每个聚类是由多个紧密相关的关键词组成的。模块值Q的大小与节点的疏密情况相关，一般认为$Q>0.3$意味着聚类结构显著，Q值越大聚类效果越好，可以用来进行科学的聚类分析。平均轮廓值S的大小可以用来衡量聚类的同质性，一般认为$S>0.5$意味着聚类是合理的，$S>0.7$意味着聚类是令人信服的；S值越大说明网络的同质性越高，表示该聚类是具有高可信度的。在图3-4中，$Q=0.7445$，说明该网络结构聚类效果较好；$S=0.6555$，说明网络同质性较高，不同聚类划分较好。

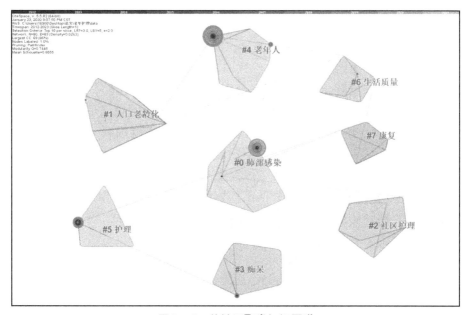

图3-4　关键词聚类知识图谱

对样本数据进行基于LLR算法的聚类分析，共生成了8个模块，即8个研究方向，具体包括肺部感染、人口老龄化、社区护理、痴呆、老年人、护理、生活质量、康复。各个模块呈线性排布，连线较多，关系较为紧密。聚类出现的平均时间为 2013—2017 年，且多数聚类出现在 2014 年，说明相关研究在此时期成熟。其中，最大的聚类为肺部感染，共包含老年护理、老年患者、围术期等 11 个关键词，该聚类首次出现在 2015 年。排在第二位的聚类为人口老龄化，首次出现时间为 2013 年，共包含老龄化、医养结合等 10 个关键词。目前，世界多个国家的人口老龄化进程逐步加快，且经济发达国家较为明显，这对各国医疗保障体系提出了新的挑战。排名第三的聚类为社区护理，首次出现时间为 2014 年，共包含护理服务、延续性护理等 8 个关键词。

3.3.3　关键词突现分析

突现词是指出现频次在短时间内突然增加或者使用频次明显增多的关键性术语。通过对关键词突现词进行分析，可以探究在老年护理领域的发展趋势及前沿热点。用 CiteSpace 可视化软件在关键词共现网络基础上进行突现词知识图谱绘制，如图 3 – 5 所示。

图 3 – 5 显示了在 2012—2023 年出现的 25 个突现词，图中时间段上突出部分清晰地展现出突出词出现的起止时间和关键词的演进历程。从持续时间上看，老年患者、糖尿病、综述的持续时间最长，为 5 年，而失能老人、心理护理、老龄化、影响因素及德尔菲法的持续时间为 4 年，其余突现词持续时间均为 2 ~ 3 年。从突现强度上看，专题报道的突现强度最大，为 9.2027；其次为《中华护理杂志》，突现强度为 8.6582；其余强度较大的突现词包括影响因素、综述、护理、社区护理及护理质量评价。从研究趋势上看，2012—2015 年研究重心在护理干预、长期护理、心理护理等，2016—2019 年研究重点在延续性护理、养老机构、医养结合等方面，而近期老年护理领域的研究热点内容包括德尔菲法、影响因素、护理教育、痴呆等。

Top 25 Keywords with the Strongest Citation Bursts

Keywords	Year	Strength	Begin	End	2012—2023
老年患者	2012	3.4282	**2012**	2016	
护理干预	2012	2.9207	**2012**	2014	
失能老人	2012	3.0813	**2012**	2015	
护理	2012	5.9149	**2012**	2013	
长期护理	2012	4.9801	**2012**	2014	
康复	2012	3.4012	**2013**	2014	
高血压	2012	4.6973	**2013**	2015	
心理护理	2012	3.1173	**2013**	2016	
老龄化	2012	3.5678	**2013**	2016	
糖尿病	2012	3.3809	**2015**	2019	
养老机构	2012	3.2109	**2015**	2017	
延续性护理	2012	3.65	**2017**	2018	
专题报道	2012	9.2027	**2017**	2018	
护理质量评价	2012	5.2372	**2017**	2018	
《中华护理杂志》	2012	8.6582	**2017**	2018	
社区护理	2012	5.0985	**2018**	2020	
医养结合	2012	3.3258	**2018**	2019	
综述	2012	8.2998	**2019**	2023	
抑郁	2012	3.0735	**2019**	2021	
生活质量	2012	4.1395	**2020**	2021	
德尔菲法	2012	2.9149	**2020**	2023	
慢性病	2012	3.6443	**2020**	2021	
影响因素	2012	6.4536	**2020**	2023	
护理教育	2012	4.5687	**2021**	2023	
痴呆	2012	4.0645	**2021**	2023	

图 3-5 关键词突现知识图谱

3.4　研究结论

本章依托 CiteSpace 知识图谱软件,从科学计量学的视角对国内老年护理研究文献进行数据整理及可视化分析,梳理了国内 2012—2023 年该研究领域的前沿热点与演进历程,包括年度发文量情况统计、作者合作网络分析、关键词共现网络分析、关键词聚类分析、关键词突现分析,为我国老年护理的研究提供借鉴与参考。主要结论如下:

(1)老年护理研究热度持续走高。从年度发文量上看,整体上国内对于老年护理的研究在近 10 年处于稳步上升的态势。2012—2017 年平均发文量在 63 篇左右,且每年变化幅度不大。2018—2019 年的年度发文量快速上升,发文数量在 2019 年达到顶峰,为 108 篇,体现出学者们对于老年护理这一研究领域的关注度明显上升。尽管 2020—2023 年的年度发文量表现出下降的趋势,但下降幅度并不明显。从作者发文量上看,在老年护理这一领域中,共有 144 位作者在老年护理领域进行研究,且作者合作较为紧密,出现了 17 个研究团队。最大的研究团队分别是以谭玉婷为中心和以罗力为中心的研究合作团队。但各位作者发文数量差距不大,王静的发文量最多,为 5 篇。

(2)在主题研究热点中,国内老年护理的研究热点主要集中在老年人、老年护理、老年疾病、研究方法等主要内容。关键词老年人、老年护理、护理、老年、综述及老年患者等频次较高。从关键词聚类上看,共生成了 8 个聚类,分别为肺部感染、人口老龄化、社区护理、痴呆、老年人、护理、生活质量、康复,聚类之间联系较为紧密。从突现词上看,2012—2023 年共出现 25 个最具有引用激增性的关键词,其中,德尔菲法、影响因素、护理教育、痴呆等属于近期老年护理领域的研究热点内容。

参考文献

[1]陈蔚臣,高源敏,杨文娇,等.长期护理机构老年痴呆照顾者积极感受与虐待倾向的相关性分析 [J].现代预防医学,2019,46(16):2974 - 2977,2982.

[2]陈悦,陈超美,刘则渊,等.CiteSpace 知识图谱的方法论功能 [J].科学学研究,2015,33(2):242 - 253.

［3］郭赫，沈军，邓敏．奥马哈系统用于老年痴呆患者护理描述对比分析［J］.重庆医学，2017，46（32）：4599－4601.

［4］胡宏伟，李延宇，张澜．中国老年长期护理服务需求评估与预测［J］.中国人口科学，2015（3）：79－89，127.

［5］花根才，李文秀，刘晔翔，等.普陀区老年护理资源配置的探索与思考［J］.中国卫生资源，2015，18（4）：287－290.

［6］乐霄，王玫，李婉玲，等.老年护理人员安宁疗护知信行现状及影响因素［J］.护理研究，2022，36（21）：3884－3889.

［7］李婧，罗茹茹，董茂江，等.老年人护理需求调查研究［J］.医学与哲学（A），2016，37（12）：55－58.

［8］李思佳，倪士光，王学谦，等.社会辅助型机器人：探索老年心理健康护理的新方法［J］.中国临床心理学杂志，2017，25（6）：1191－1196.

［9］李作学，张传旺，杨凤田．中国人才管理研究知识图谱——基于CNKI（1979—2019年）的文献计量［J］.科学管理研究，2021，39（2）：118－123.

［10］刘晓梅，曹煜玲．中国老年护理服务体系构建研究［J］.吉林大学社会科学学报，2011，51（3）：17－24.

［11］马跃如，易丹，胡斌．养老护理员工作幸福感的随机突变机理［J］.系统管理学报，2021，30（3）：526－538.

［12］苏婷，王宁，王丽洁，等.老年认知症护理员核心能力指标体系的构建［J］.护理学报，2023，30（14）：13－17.

［13］孙玉阳，郭涛．人口老龄化会抑制绿色经济增长吗？［J］.人口与发展，2023，29（4）：113－121.

［14］谭玉婷，张银华，易霞，等.老年护理员抑郁情绪与离职意愿的相关性［J］.中国老年学杂志，2018，38（14）：3514－3516.

［15］王云翠，胡慧，周慧芳，等.成功老龄背景下中医特色本科老年护理专业人才的培养［J］.时珍国医国药，2016，27（11）：2775－2776.

［16］位文静，陈颖，张桂菊，等.网络技术在老年痴呆照顾者护理能力干预中的应用进展［J］.护理研究，2019，33（12）：2082－2084.

［17］息悦，郭思佳，李洋，等.人口老龄化视角下多国护理保险制度综合比较及启示［J］.中国卫生经济，2017，36（7）：94－96.

［18］谢永清，李香菊．应对人口老龄化税收政策的国际经验及中国启示［J］．人口与经济，2023（5）：1-12．

［19］许佳佳，石宇平，张耀，等．老年人"互联网+居家护理"服务风险评价指标体系的构建［J］．护理研究，2023，37（11）：1898-1906．

第4章　基于知识图谱的国内心理护理的可视化分析

4.1　引言

随着社会发展和人们健康观念的转变，心理护理在维护人们心理健康方面发挥着越来越重要的作用，心理护理的研究和实践也逐渐受到国内学者们的广泛关注。心理护理的研究旨在探究人类心理问题的发生、发展及其解决对策，其背景主要涉及心理学、社会学、医学等多个领域。在国内，在心理学方面，研究主要关注心理问题的内在机制，如认知、情感、动机等方面；在社会学方面，研究主要关注心理问题与社会环境的关系，如家庭、学校、工作场所等；在医学方面，研究主要关注心理问题与生理健康的相互影响，如身心疾病、心理生理学等。对患者进行必要的心理护理，消除患者的恐惧、焦虑心理，以及对患者复杂的心理状态进行疏导，具有极为重要的意义。通过对心理护理进行深入研究，能够更好地了解人类心理问题的本质，为心理健康问题的预防和干预提供科学依据；同时有助于提高人们的心理健康水平，促进个体的发展和社会的稳定。当前，国内心理护理研究的数量众多，研究成果丰富。本章利用 CiteSpace 可视化软件分析近 10 年来国内心理护理相关的研究，旨在为今后的相关研究提供参考与借鉴。

4.2　数据来源与研究方法

4.2.1　数据来源

本章数据来源于中国知网数据库，为提高文献分析质量，在中国知网数据库中，以学术期刊为主要来源，以主题词"心理护理"进行检索。为保证数据的准确性和科学性，文献检索范围为 CSSCI 来源期刊及北大核心期刊，检索时间跨度为默认，检索时间为 2023 年 8 月 18 日，最终得到 895 篇文献。在导出时，选择 Refworks 格式，然后将其导入 CiteSpace 软件中进行数据转换并进行可视化分析。

4.2.2　研究方法

本章借助美国德雷塞尔大学陈超美博士开发的 CiteSpace 软件，采用文献计量方法进行可视化分析。通过可视化功能绘制出心理护理研究领域的知识图谱，对该研究领域的知识结构、应用规律和分布情况等内容进行可视化网络图谱呈现，有助于研究者们厘清该领域知识来源、重要转折点、研究热点方向及未来研究趋势。本章具体使用的软件版本为 CiteSpace 5.5. R2，时间跨度选择 2012—2023 年，Years Per Slice 设为 1，Pruning 设置为 Path finder 和 Pruning the merged network，绘制出心理护理研究的作者合作知识图谱、机构合作知识图谱、关键词共现知识图谱、关键词时间线知识图谱。

4.3　研究结果

4.3.1　作者合作分析

作者合作网络能够反映某一研究领域的作者发文数量及其对该研究领域的贡献程度，同时也能体现该研究领域的核心作者群体及其合作关系。CiteSpace 知识图谱软件可以绘制出研究文献的作者合作知识图谱。图谱中作者的节点越大，表示其发文量越多。作者间的连线颜色表示作者之间首次合作的时间，并按照以下颜色进行分类：紫色为较早的合作时间，黄色为最新的合作时间。本章通过 CiteSpace 可视化软件对近 10 年国内心理护理研究文献进行了作者合作分析，生成了 2012—2023 年国内心理护理研究作者合作知识图谱（图 4 - 1）。

根据图 4 - 1，在心理护理领域研究中作者较多，共有 83 位作者在心理护理领域发文量在 2 篇及以上，作者间的连线为 79 条，作者间的合作较为紧密，共产生了 18 个研究合作团队，其中最大的研究团队由 6 位作者构成，是以来自华中科技大学同济医学院附属协和医院的研究学者刘义兰为中心的研究合作团队。该研究团队探讨了新型冠状病毒肺炎住院患者的心理护理模式，通过 5 轮线上线下会议讨论和专家咨询，经过整理和总结，最终形成了新型冠状病毒肺炎住院患者心理护理专家共识，具体包括新型冠状病毒肺炎住院患者心理护理的相关定义、常见心理反应、心理护理流程、特

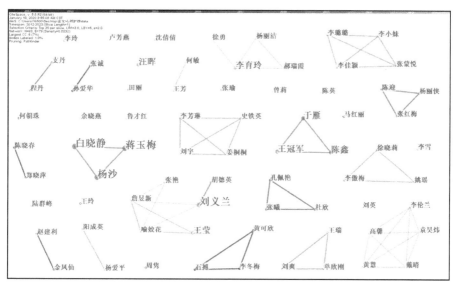

图 4-1　作者合作知识图谱

殊人群的心理护理等。团队规模排在第二的研究团队由高馨、黄慧等 5 位作者构成，该团队研究的内容为对脊髓损伤患者及其配偶二元应对体验的质性研究。包含 4 位作者的研究团队共有 4 个，其中，以李育玲为中心的合作团队研究的主要内容为住院患者的心理健康状况及相关影响因素等。该研究团队得出的主要结论为：医院住院患者的心理问题主要受年龄、婚姻、职业、睡眠状况等多种因素的影响，在临床上需要采取诸如加强非精神科医务人员精神、心理知识技能的培训及实施心理护理等多种措施，从而提高医院住院患者的生活质量。

在图 4-1 中能够明显看出，心理护理领域的作者节点较小，表明作者普遍发文量较少，作者间的发文差距较小。发文量为 4 篇的作者共有 4 位，分别为蒋玉梅、杨沙、刘义兰、白晓静。来自西安交通大学第一附属医院的蒋玉梅研究了肾脏肿瘤患者围术期护理中应用心理护理干预模式的效果，其以在该医院就诊的 102 例肾脏肿瘤患者为研究对象，将肾脏肿瘤患者平均分为参照组与研究组，对两组肾脏肿瘤患者采用不同护理方法，并对其术后恢复情况和不良心理改善情况进行比较。结果表明，研究组患者的术后恢复情况显著优于参照组，研究组患者的不良心理状态改善情况明显优于参照组。该医院的白晓静与蒋玉梅等共同研究了快速康复外科理念联合心理护理在泌尿外科手术患者中的应用，结果表明，对泌尿外科手术患者应用快速康复外科理念与心理护理可获得显著效果，值得临床广泛应用。

4.3.2 机构合作分析

　　CiteSpace 软件可以绘制出研究文献的来源机构图谱。通过对文献来源机构的分析，可以明确地了解心理护理研究的主要机构，把握各机构之间相互合作的关系。研究机构之间的连线多少表示其合作研究的紧密程度。设置图谱类型为 Institution，时间跨度为 2012—2023 年，Years Per Slice 为 1 年，Top N 值设为 50，其余默认，最终生成机构合作知识图谱（图 4-2）。

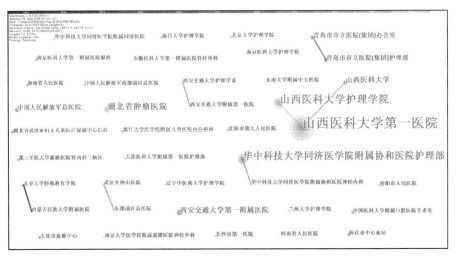

图 4-2　机构合作知识图谱

　　观察图 4-2，可以发现，共有 54 个研究机构在该领域的发文量在 2 篇及以上，但机构间的连线较少。结合网络密度为 0.007 可知，机构的合作比较松散，联系并不紧密。观察研究机构的合作团队，发现大多为同一医院内进行合作研究或相邻省份的高校进行合作研究，跨地区合作较少。

　　在机构发文量中，各机构发文量较为平均，机构发文量排在前五位的分别为山西医科大学第一医院、山西医科大学护理学院、华中科技大学同济医学院附属协和医院护理部、湖北省肿瘤医院及西安交通大学第一附属医院，发文量均在 4 篇或以上。其中，发文量最多的机构为山西医科大学第一医院，发文量为 18 篇，首次发文时间是 2018 年，该机构的主要研究内容有心理护理在内科住院病人中的应用、心理护理在急性心梗患者中的应用及个体化心理护理在抑郁症病人中的应用等。发文数量排在第二位的是山西医科大学护理学院，其研究学者主要研究网络化认知行为疗法在心理护理实践中的应用，提出相较于传统的认知行为疗法，网络化认知行为疗法有较多的优势，因此认为在心理干预上可以更好地应用和推广网络认知行为疗法。华中科技大学同济医学院附属协和医院护理部的发文量为7篇，在所有机构中排在第三位，该机构首次发文是在2018年。该机构的研究学者在健康教育联合心理护理对老年高血压患者心理消极情绪的研究中指出，对老年高血压患者采用健康教育联合心理护理能提高患者对疾病的认知水平，有助于其控制血压、消除其负性情绪，并改善其生活质量，应用效果显著。

4.3.3　研究热点分析

关键词作为一篇论文的核心概括，是描述文章核心内容的代表性词汇，出现的频次越高，研究热度越高；高频关键词可反映该研究领域的热点问题。一般认为，词汇对在同一篇文献中出现的次数越多，代表这两个主题的关系越紧密。共词分析法根据文献集中词汇对或名词短语共同出现的情况，确定该文献集所代表学科中各主题之间的关系。本章在 CiteSpace 知识可视化软件中，设置 Top N 值为10，并设置其他参数，以关键词共现网络分析方法为主，生成心理护理关键词知识图谱（图4-3）及关键词共现频次表（表4-1），通过结合图4-3的关键词节点大小与联系情况及表4-1的关键词共现频次，发现心理护理研究领域主要聚焦四方面内容。

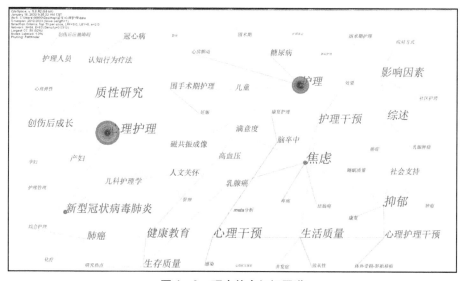

图4-3　研究热点知识图谱

表 4 - 1 关键词共现频次

序号	关键词	频次	中心性	序号	关键词	频次	中心性
1	心理护理	293	0.92	16	儿科护理学	9	0.11
2	护理	221	0.33	17	围术期护理	8	0
3	焦虑	53	0.97	18	乳腺癌	8	0.43
4	新型冠状病毒肺炎	50	0.56	19	儿童	8	0.11
5	抑郁	42	0.4	20	康复护理	8	0
6	生活质量	28	0.26	21	质性研究	7	0.23
7	健康教育	23	0.93	22	感染	7	0
8	护理干预	23	0.62	23	心理护理干预	7	0.18
9	影响因素	19	0.17	24	肺癌	7	0.12
10	心理干预	17	0.25	25	肿瘤	6	0
11	围手术期护理	16	0.06	26	乳腺肿瘤	6	0
12	护理体会	16	0	27	生存质量	6	0.46
13	综述	15	0.33	28	护理管理	5	0
14	满意度	13	0.4	29	妊娠	5	0
15	糖尿病	9	0.06	30	围术期	5	0

（1）心理护理。心理护理作为主要检索词，在图谱中的节点最为突出，出现频次在所有热点关键词中遥遥领先，共出现 293 次，在 2012 年开始出现。心理护理多指对患者的陪伴及心理支持，生活中多考虑患者的主观感受及心理需求。如当患者去就诊时，家人应给予陪伴与支持，同时还要为患者提供轻松舒适的环境，这可能有助于患者改善病情。

（2）护理干预。与其相关的关键词包括护理干预、心理护理干预、护理管理及综合护理等。现有研究结果表明，心理护理干预的实施能够更好地帮助患者改善不良情绪，并促使患者的依从性及满意度提升，因此心理护理干预具有重要价值，值得推广应用。

（3）疾病。关于疾病的关键词包括新型冠状病毒肺炎、糖尿病、乳腺癌、乳腺肿瘤、脑卒中及冠心病等。新型冠状病毒肺炎作为急性呼吸道传染病，具有传播速度快、传染性强、人群普遍易感的特点，我国于 2020 年 1 月将其纳入乙类传染病并按甲类传染病管理，自 2023 年 1 月 8 日起将其由"乙类甲管"调整为"乙类乙管"。新型冠状病毒肺炎疑似病例在医学观察隔离期间易出现负性情绪，有强烈的心理干预需求。

（4）治疗。关于治疗的关键词包括康复护理、化疗、认知行为疗法及创伤后成长等。

4.3.4 关键词演进分析

基于关键词聚类生成的关键词时间线知识图谱能够更好地揭示出心理护理研究领域所涉及的具体问题及其涵盖的关键词的演进情况。在CiteSpace可视化软件中将Node Types选为Reference，将时间切片阈值设置为Top10，将Pruning设置为Pathfinder等，对相关内容的引用进行聚类可视化分析。在聚类的基础上生成时间线知识图谱，其作为一个时间轴视图（x轴为关键词出现年份，y轴为聚类名称），可以显示每个聚类包含的关键词的时间跨度和研究进展，如图4-4所示。

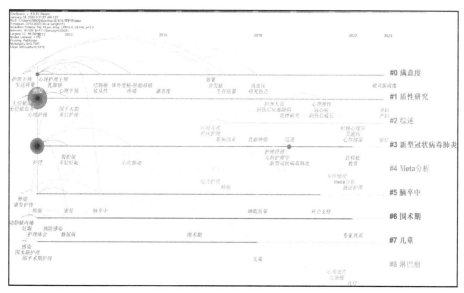

图4-4 研究热点时间线知识图谱

由图4-4左上角的信息可知，在心理护理研究中共产生了9个聚类，即9个研究方向，具体为满意度、质性研究、综述、新型冠状病毒肺炎、Meta分析、脑卒中、围术期、儿童、淋巴瘤。一般来说，在聚类知识图谱中，聚类的模块值Q的大小与节点的疏密情况相关，$Q=0.7997$，表明该领域研究的网络结构聚类效果较好，能够进行聚类分析；平均轮廓值S的大小可以用来衡量聚类的同质性，$S = 0.5475$，表明该网络同质性较高，不同聚类划分较好。下面对本章重点聚类的关键词演进情况进行分析。

（1）满意度。该聚类的关键词时间跨度为 2012—2023 年，主要关键词集中在 2011—2019 年。此期间出现的关键词包括护理干预、心理干预、满意度、生存质量等。而 2019 年以后，仅出现了 1 个关键词，为磁共振成像。

（2）质性研究。该聚类的关键词时间跨度同样为 2012—2023 年，其包含的关键词主要集中于 2012—2013 年及 2019 年以后，2013—2019 年鲜有关键词出现。现有质性研究多为患者体验的质性研究，如产后尿失禁患者心理体验的质性研究、脊髓损伤患者及其配偶二元应对体验的质性研究等。

（3）Meta 分析。该聚类包含的关键词集中出现于 2017 年以后，由综合护理、肺癌发展到负性情绪、循证护理等内容。Meta 分析是一种系统性研究方法，它通过对已有的独立研究进行统计分析，得出总体效应量，并通过进一步的亚组分析、敏感性分析等方法探讨各种潜在的影响因素。Meta 分析常用于医学、心理学、教育学和社会科学等领域，在临床医学中尤为常见。通过对多个独立且相对小规模的临床试验的总体效应量进行分析，可以为制定临床指南和决策提供更加可靠的证据支持。

4.4　研究结论

本章应用 CiteSpace 信息可视化软件，以研究作者、研究机构、研究热点与演进分析为重点，对国内的心理护理研究进行文献整理、信息挖掘和可视化分析，梳理了近 10 年该领域研究的前沿与热点的演进发展印记，为我国心理护理研究前沿和方向提供经验借鉴。研究结果表明，我国在近 10 年对心理护理的研究的数量持续上升，关注度越来越高。

从发文机构上看，研究机构大部分为各地医院与高校，各机构发文量比较平均，其中，山西医科大学第一医院发文数量最多，其他发文数量较多的机构有山西医科大学护理学院、华中科技大学同济医学院附属协和医院护理部等。

从合作作者上看，作者数量众多，作者间的合作比较紧密，共出现 18 个研究合作团队，其中，最大的研究团队是以来自华中科技大学同济医学院附属协和医院的研究学者刘义兰为中心的研究团队，由 6 位研究学者构成；作者发文数量同样比较平均。

从研究热点上看，主要集中在 4 个方面，包括心理护理、护理干预（关键词有心理护理干预、护理管理等）、疾病（关键词主要有新型冠状病毒肺炎、糖尿病、乳腺癌等）及治疗（关键词有化疗、认知行为疗法及创伤后成长等）。

在对关键词进行聚类及研究热点演进分析中，共出现了9个模块，分别为满意度、质性研究、综述、新型冠状病毒肺炎、Meta分析、脑卒中、围术期、儿童、淋巴瘤，各个模块联系比较紧密。新增关键词于2012年首次出现，并主要集中于2012—2014年及2017年以后；近几年学者逐渐关注磁共振成像、孕妇、积极心理学、循证护理等研究内容。

参考文献

[1]白丽莉.基于人性化理念的心理护理在内科住院病人中的应用［J］.护理研究，2022，36（18）：3379－3381.

[2]陈鑫，刘志梅，王玉杰，等.产后尿失禁患者心理体验的质性研究［J］.护理学杂志，2021，36（22）：77－79.

[3]戴晴，李伦兰，廖晨霞，等.脊髓损伤患者及其配偶二元应对体验的质性研究［J］.中华护理杂志，2021，56（8）：1180－1186.

[4]戴晴，李伦兰，廖晨霞，等.脊髓损伤患者及其配偶二元应对体验的质性研究［J］.中华护理杂志，2021，56（8）：1180－1186.

[5]董人齐，周霞，焦小楠，等.新型冠状病毒肺炎疫情期间隔离人员心理状况调查研究［J］.康复学报，2020，14（3）：108－113.

[6]段喜鸽，蒋玉梅，白晓静，等.肾脏肿瘤患者围术期护理中应用心理护理干预模式的效果及患者情绪影响［J］.心理月刊，2019，14（19）：69.

[7]郭清华，陈超，栗雪琪，等.个体化心理护理在伴有精神症状的抑郁症病人中的应用［J］.护理研究，2021，35（1）：169－171.

[8]郝赟.心理护理在急性心梗患者中的应用研究［J］.中西医结合心血管病电子杂志，2015，3（27）：113－114.

[9]胡德英，刘晓虹，刘义兰，等.新型冠状病毒肺炎住院患者心理护理专家共识［J］.护理学杂志，2020，35（15）：1－6.

[10]邝妮亚.健康教育联合心理护理对老年高血压患者心理消极情绪的改善价值［J］.心理月刊，2021，16（10）：124－125.

[11]李硕，李育玲，徐勇，等.综合医院住院病人心理健康状况及其影响因素［J］.护理研究，2021，35（7）：1290－1294.

[12]李作学，张传旺，李文雅.基于知识图谱的突发公共卫生事件研究可

视化分析［J］.经营与管理，2022（4）：87－96.

［13］卢晓恋．慢性阻塞性肺气肿伴呼吸衰竭患者应用心理护理干预的价值研究［J］.中国全科医学，2020，23（S1）：255－257.

［14］马楷轩，张燚德，侯田雅，等.新型冠状病毒肺炎疫情期间隔离人员生理心理状况调查［J］.中国临床医学，2020，16（5）：56－64.

［15］王越，李霞，董丽媛．网络化认知行为疗法在心理护理实践中的研究进展［J］.全科护理，2022，20（14）：1907－1910.

［16］张媛，蒋玉梅，白晓静．快速康复外科理念联合心理护理在泌尿外科手术患者中的应用［J］.心理月刊，2020，15（2）：103.

［17］章思思，谢文瑶．基于罗森塔尔效应的心理护理对疑似新型冠状病毒肺炎患者负性情绪的影响［J］.护理学杂志，2020，35（9）：24－26.

［18］郑森森，洪望龙，朱文涛，等.基于CiteSpace可视化分析结构方程模型在我国医药领域的应用趋势［J］.医药导报，2023（11）：1730－1736.

第5章　国内外养老护理人才研究热点比较研究

养老护理人才短缺一直是影响我国养老事业发展的一个重要因素。要加快养老护理专业人员培训行业的发展，推进医养结合，加强对于养老行业的顶层设计，尽最大努力为老年群体提供有质量、充满幸福感的晚年生活。

本章通过 CiteSpace 可视化清晰地描绘养老护理人才研究领域中有突出贡献和影响力的研究者、主要研究机构及高频关键词，通过分析近 10 年来我国养老护理人才研究领域的研究现状、研究热点来预测该研究领域未来的发展趋势，以期从根本上解决我国养老护理人员数量短缺、养老护理人才素质偏低的现状，为我国养老护理人才领域研究提供参考。

5.1　数据来源与研究方法

5.1.1　数据来源

本章数据主要来自 Web of Science（WoS）核心文集数据库及中国知网数据库，具体的检索策略为，在 WoS 数据库中以主题"elderly care talents"或含"aged care workers""caregiver core competencies"进行检索，检索时间为 2010—2022 年，最终得到 268 篇相关文献。在中国知网数据库中以主题"养老护理人才"或含"养老照护人员""护理员核心胜任力"作为检索词，检索时间同样为 2010—2022 年，共找到 805 条相关文献。在所有文献中进行筛选，去除会议通知、广告及与研究关联不大的文献，最终选取 747 条有效数据。

5.1.2　研究方法

本章主要利用知识图谱的方法进行文献计量分析。CiteSpace 软件是国际主流的文献可视化分析工具之一，该软件由美国德雷塞尔大学陈超美教授研发，是一款在科学计量学、数据可视化背景下发展起来的引文可视化分析软件，不仅可以挖掘引文空间的知识聚类和分布，还可以对作者、研究机构等知识单元进行共线分析。知识图谱是以科学知识为对象、显示科学知识的发展进程与结构关系的一种图形。人们借助知识图谱，可以透视人类知识系中各个领域和结构，构造复杂的知识网络，预测科学技术和知识前沿发展态势。它既是可视化的知识图形，又是序列化的知识谱系，显示了知识元和知识群之间的网络、互动、交叉、演化或衍生等诸多复杂关系。

5.2　研究时空分布

5.2.1　文献数量分布

在一段时间内养老护理人才领域发表的学术文献数量能够反映该领域学术研究的理论水平，也可以反映社会发展与该领域之间的互动关系，便于我们了解这一研究领域的热度情况。本章分别对 2010—2022 年 WoS 核心文集数据库及中国知网数据库中关于养老护理人才领域研究的发文数量进行统计，统计情况如图 5−1 所示。

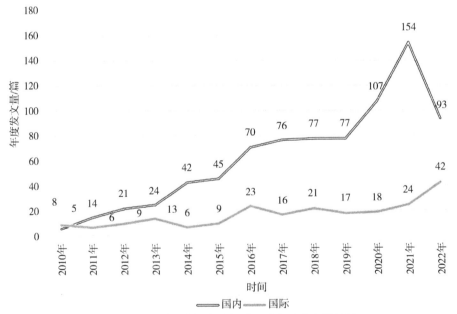

图 5−1　养老护理人才领域研究年度发文量统计

观察图 5 -1，可以发现，在养老护理人才领域，国内的发文数量远高于国外的。国外近 10 年文献发文量整体上呈现稳步上升的趋势，但上升幅度并不明显。2016 年以前，国外发文量基本上在 10 篇以内，说明在此期间，该领域尚未被国际学者广泛关注，研究数量较少；2016 年后，国外发文量开始增加，特别是在 2021—2022 年，发文量快速上升，并在 2022 年达到顶峰，发文量为 42 篇，说明 2016 年后，随着人口老龄化问题的突显，国际学者对养老护理人才的研究重视程度及研究热度持续走高。

国内近 10 年在该领域的发文量快速上升，尽管发文量在 2022 年下降，但下降趋势并不明显。总体上，国内在该领域的研究可以分为两个阶段：第一个阶段为 2010—2019 年，该阶段发文量稳步上升，这可能是由于人口老龄化问题不断加剧、养老服务需求日益增加，引起了研究人员和机构的广泛关注；第二个阶段为 2020—2022 年，这一阶段发文量快速上涨，但在 2022 年发文量有所回落，这可能与当时新冠肺炎疫情相关，新冠肺炎的爆发加剧了养老问题，引发人们对养老护理人才领域的高度关注。

5.2.2　机构合作网络分布

文献来源机构的合作网络可以体现出养老护理人才领域存在哪些有影响力的研究机构，还有助于我们把握各机构间的合作关系。本章运用 CiteSpace 软件工具中的机构合作网络分析功能，挖掘该领域的研究机构的网络关系，以此直观地反映机构间的合作情况，为科学评价机构在学术范围内的影响力提供参考。国内外养老护理人才领域的机构合作网络分布如图 5 -2、图 5 -3 所示。

由图 5 -2 可知，共有 25 个研究机构在该领域发文量在 2 篇及以上，数量较少，且机构间合作较为松散，存在 19 条连线，网络密度为 0.0633。共出现了 5 个研究合作团队，其中，以机构 La Trobe Univ 为研究中心的合作团队规模最大，共包含 7 个研究机构，其余的合作团队均由 2 个机构组成。La Trobe Univ 与其他机构合作，主要研究老年护理中的劳动力危机等，认为老年护理的劳动力短缺给老年护理行业带来了巨大挑战。对老年护理工人的需求不断增长，以及进入该领域的年轻工人数量减少，突显了未来的劳动力危机。随着作为劳动力支柱的一代妇女的退休，目前的短缺情况将进一步恶化。

国外机构发文量较为平均，排在前列的机构有 La Trobe Univ、Monash Univ、Flinders Univ S Australia、RDNS Inst、Curtin Univ 及 Univ Melbourne，

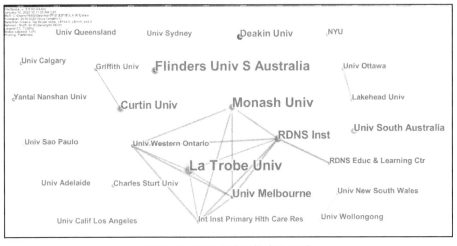

图 5-2　国外研究机构合作图谱

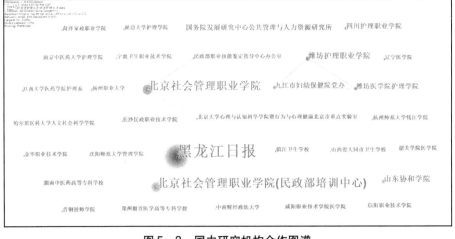

图 5-3　国内研究机构合作图谱

发文量均为 4 篇及以上。其中，La Trobe Univ 的发文数量最多，为 7 篇；Monash Univ 以及 Flinders Univ S Australia 的发文数量紧随其后，为 6 篇。Monash Univ 提出为应对澳大利亚老年护理人员短缺需要招募移民护理人员，然而招募移民个人护理人员并非易事，因为这涉及澳大利亚的移民框架应如何构建。而 Flinders Univ S Australia 的研究内容主要为护理工作者对可持续老年护理劳动力的影响及呼吁老年护理工作者进行以人为本的护理工作。

　　由图 5-3 可以看出，在国内的养老护理人才领域研究中，出现了 32 个机构，但机构间仅出现了 5 条连线，网络密度为 0.0101，说明国内机构之间的合作比较分散。国内仅出现了 2 个小范围的研究团体，其中，以北京大学为中心的研究团体综述了国外临终护理培训课程的内容、教学方法、效果评价方法的研究进展，为今后探索临终护理培训、提高护理人员临终照护能力提供参考；以潍坊医学院护理学院为中心的研究团体基于冰山模型及双螺旋模型构建了医疗护理员培训师胜任力评价指标体系，并证实了其可作为医疗护理员培训师胜任力水平的测评工具，为其资格准入等提供参考。

国内机构的发文量差距较为明显，黑龙江日报、北京社会管理职业学院的发文量在所有机构中较为突出，其余研究机构发文数量较少，均在 4 篇以下。其中，黑龙江日报在图谱中的节点最大，即发文数量最多，为 26 篇，首次发文时间在 2010 年。该机构研究的内容包括黑龙江省的智慧养老及如何培育该省的养老护理人才等。北京社会管理职业学院的发文量排在第二位，为 19 篇，首次发文时间在 2015 年。该机构研究的重点为老年护理人员的心理压力和对策分析，以及护理不良事件研究进展等。

5.3 研究主题热点

5.3.1 关键词共现网络

某一领域研究主题热点可以通过高频关键词来反映。共词分析的主要途径之一便是提取引文的关键词、摘要等相关信息，统计后形成直观的知识图谱。利用 CiteSpace 可视化软件，以关键词共现网络的方法为主绘制出国内外养老护理人才研究关键词热点图谱（图 5 - 4、图 5 - 5）和关键词频次表（表 5 - 1）。

观察图 5 - 4，可发现国外在养老护理人才方面的研究热点主要集中于以下方面：

（1）关于老年护理人员的关键词有 aged care、aged care worker、care worker、direct care worker 等。老年护理是指为老年人提供照顾与服务，以满足老年人不同阶段的身心与社会需求。留住个人护理工作者对于老年护理尤为重要，因为他们通过社区老年护理或长期老年护理环境为老年人提供大部分直接护理。

（2）与健康相关的关键词有 mental health、health 等。在养老护理人才领域研究健康问题，能够推动老年健康服务发展，为老年人提供更好的健

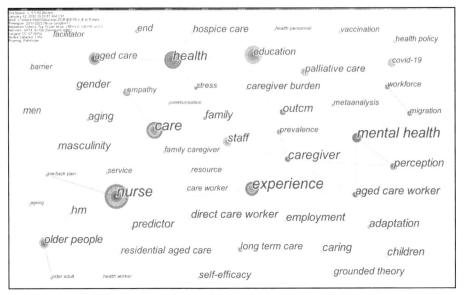

图5-4　国外关键词研究热点知识图谱

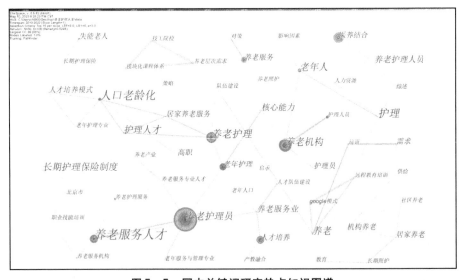

图5-5　国内关键词研究热点知识图谱

康服务，也可以推动养老产业的发展，提高服务质量和水平，这为保障老年人的健康和幸福做出了重要贡献。

（3）与老年人相关的关键词有 older people、ageing 及 older adult 等。随着人口老龄化的加剧，通过了解老年人的个人特征与需求，可以为老年人提供差异化的服务，进而推动老年护理服务水平的提高。

观察图 5-5，可发现国内在养老护理人才方面的研究热点主要集中于以下方面：

（1）关于养老护理人才的关键词有养老护理员、养老服务人才、养老护理人员、护理人才等关键词。当前，我国老年人口规模庞大，老年人口已经进入迅速增长期，养老护理服务需求迫切。因此，需要加强专业护理人才的培养，摆脱养老护理人才短缺的困境，提高养老护理人才的社会地位。

（2）与机构养老相关的关键词有养老机构、机构养老及社区养老等。截至 2021 年 3 月，我国共有 33 万个养老服务机构与设施，817.2 万张养老服务床位。随着老年人口的增加，需要进一步加强养老机构服务供给、提高护理人员素质、完善养老环境设施，以满足老年人的相关需求。

（3）关于人才培养的关键词包含人才培养、培训、人才队伍建设及人才培养模式等。随着各行各业对高层次人才的需求愈发迫切，老年护理人才培养越来越得到重视。养老护理人才是现代社会中至关重要的人才，他们通过专业的护理服务，帮助老年人保持健康和生活独立。

（4）对于教育的研究，其内容包括教育需求、护理教育、高等职业教育及远程教育培训等。目前，我国老年护理职业教育面临诸多挑战，需要打造多层次老年护理人才培养格局，多措并举，深化产教融合，树立医养教协同育人体制机制。

表 5-1　关键词频次

国内			国外		
关键词	频次	中心性	关键词	频次	中心性
养老护理员	142	0.26	nurse	16	0.63
养老机构	93	0.5	education	13	0.05
养老护理	76	0.31	health	12	0.28
医养结合	69	0.09	care	11	0.46
人才培养	66	0.13	experience	9	0.47
养老服务人才	60	0.41	aged care	9	0.1
养老服务	52	0.09	people	8	0
老年护理	48	0.29	older people	8	0.1

续上表

国内			国外		
人口老龄化	34	0.43	staff	7	0.08
护理人员	25	0.04	mental health	6	0.43
老龄化	24	0	palliative care	6	0.09
老年人	21	0.68	COVID-19	6	0
失能老人	20	0.09	perception	5	0.09
培训	17	0.13	empathy	5	0.28
养老	16	0.25	outcm	4	0.28
护理	15	0.52	quality	4	0.12
养老服务业	13	0.23	aged care worker	4	0.19
养老护理人才	12	0	prevalence	4	0
养老护理服务	12	0.22	health care	4	0.05
机构养老	10	0.01	australia	4	0.24

5.3.2 关键词聚类分析

在关键词共现网络的基础上进行聚类分析，可以将繁多的文献归类为不同模块。将各个模块赋予标签并显示出其关键词，可以方便我们掌握养老护理人才研究的不同类别。在 CiteSpace 可视化软件中点击 "Clusters" 进行聚类处理，生成国内外聚类知识图谱，如图 5-6 与图 5-7 所示。

在图 5-6 中，出现了 74 个节点及 106 条连线。模块值 Q 的大小与节点的疏密情况相关，Q 值越大说明聚类效果越好，可以用来进行科学的聚类分析。由于 $Q=0.7321$，大于 0.7，因此该网络结构聚类效果较好。平均轮廓值 S 的大小可以用来衡量聚类的同质性，S 值越大说明网络的同质性越高，表示该聚类是具有高可信度的。$S=0.6357$，说明该网络同质性较高，不同聚类划分较好。

对国外文献中的关键词进行聚类分析，共生成了 7 个聚类，分别为 education、palliative care、nursing homes、grounded theory、carers、empathy、public sector，各个模块联系较为紧密。聚类出现的平均时间为 2016—2019 年，说明相关研究在此时期成熟。最大的聚类为 education 与 palliative care，

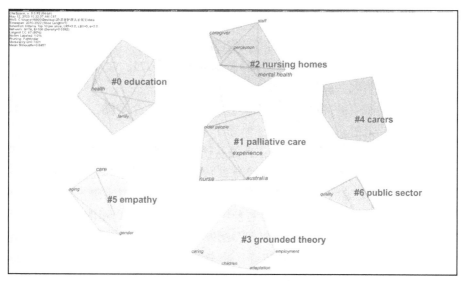

图5-6　国外关键词聚类知识图谱

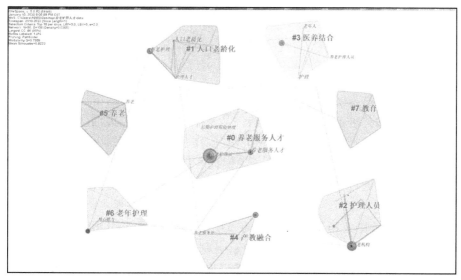

图5-7　国内关键词聚类知识图谱

出现时间分别为2016年与2017年，共包含12个关键词；聚类规模排名第二的是nursing homes，出现时间为2016年，包含10个关键词，如staff、mental health、perception及aged care worker等。疗养院能够为老年人提供全天候的教育服务，提供专业医疗护理，减轻家庭负担。护士配备关乎养老院的护理质量，随着对养老院护理需求的增长，弥补护士配备和居民护理需求之间的差距尤为重要。

在图 5 – 7 中，共出现了 90 个节点及 106 条连线，模块值 $Q = 0.7359$，说明该网络结构聚类效果较好。平均轮廓值 $S = 0.9222$，表明该网络同质性较高，不同聚类划分较好。

对国内文献中的关键词进行聚类分析，共产生 8 个聚类，分别为养老服务人才、人口老龄化、护理人员、医养结合、产教融合、养老、老年护理、教育。8 个模块之间呈线性排布，且关系较近。其中，养老服务人才的规模最大，包含 15 个关键词，出现时间为 2019 年；而人口老龄化的规模排名第二，包含 12 个关键词，出现时间为 2017 年。当前，人口老龄化来势汹汹且迅猛发展，已成为共识。60 岁以上老年人口数量从 1999 年的 1.26 亿增至 2020 年的 2.64 亿，年均增长率达到 3.6%，远高于同期世界主要老龄化国家和地区。随着人口老龄化的持续，养老问题日益突显。医养结合作为一种新型健康养老模式，是我国未来养老服务的发展方向。医养结合服务旨在实现养老与医疗的多维度结合，打破医疗资源供给与养老服务需求的分离状态，为老年人提供精准、及时、有效的"医 – 养 – 康 – 护"服务。

5.3.3　关键词突现分析

突现词又称为激增词，是指出现频次在短时间内突然增加或者使用频次明显增多的关键词。CiteSpace 软件从文献的题目、关键词、摘要等信息中提取候选专业术语，通过跟踪分析它们在一段时间内的出现频次或使用频次，识别出代表研究前沿的若干关键词。通过 CiteSpace 软件在关键词共现网络基础上进行国内外养老护理人才突现词知识图谱绘制，如图 5 – 8、图 5 – 9 所示。

在图 5 – 8 中，2010—2022 年共出现了 12 个最具有引用激增性的关键词（突现词），时间段上突出部分表示突现词出现的起止时间和关键词的演进历程。从突现强度上看，各个突现词强度差距不大，且突现强度普遍较小，强度最高的关键词为 aged care，强度为 2.77；其他突现强度高于 2 的关键词包括 management、caregiver、perception 及 experience，说明随着养老护理人才的需求增大，如何管理护理人才队伍成为研究重点；其余的突现词强度较低。从持续时间上看，突现词 satisfaction 的持续时间最长，为 6 年，时间跨度是 2013—2018 年。为了积极应对老龄化，充分利用服务资源并提高老年人居家养老满意度具有重要的现实意义。

Top 12 Keywords with the Strongest Citation Bursts

Keywords	Year	Strength	Begin	End	2010—2022
management	2010	2.3323	**2012**	2016	
aged care	2010	2.77	**2013**	2016	
satisfaction	2010	1.6908	**2013**	2018	
aged care worker	2010	1.8669	**2016**	2018	
mental health	2010	1.6868	**2017**	2018	
caregiver	2010	2.0556	**2017**	2018	
prevalence	2010	1.0011	**2017**	2019	
perception	2010	2.581	**2017**	2018	
health	2010	1.8456	**2018**	2020	
education	2010	0.8283	**2019**	2020	
outcm	2010	1.2487	**2019**	2020	
experience	2010	2.4751	**2020**	2022	

图 5 - 8　国外关键词突现知识图谱

从图 5 - 9 可以发现，国内研究中共出现了 19 个突现词。突现强度最高的关键词为培训，强度高达 4.0904。养老护理人员的培训至关重要，它关系到老年人的生活质量与健康，也体现了社会对老年人的关爱和尊重。其他突现强度较高的关键词为护理人员、老年护理等，强度均在 3 以上。在持续时间上，持续时间最长的突现词为培训，持续时长为 6 年，时间跨度为 2011—2016 年；持续时间排名第二的突现词为现状和护理，持续时长均为 5 年；而其余突现词的持续时间较短，均为 2～4 年。养老护理服务、影响因素、护理教育及产教融合等突现词近年来才开始出现，仍属于最近研究的重要内容。产教融合指产业与教学密切结合的办学模式。产教融合是我国实现教育创新、教育现代化发展、储备各行业人才的重要举措。

Top 19 Keywords with the Strongest Citation Bursts

Keywords	Year	Strength	Begin	End	2010—2022
养老机构	2010	2.6277	**2010**	2012	
培训	2010	4.0904	**2011**	2016	
护理人员	2010	3.4893	**2011**	2013	
养老护理	2010	1.6885	**2011**	2012	
护理人才	2010	2.2524	**2012**	2013	
养老护理员	2010	2.3244	**2012**	2015	
现状	2010	3.1649	**2013**	2017	
居家养老	2010	1.8843	**2015**	2018	
老年护理	2010	3.4385	**2015**	2017	
养老	2010	2.3901	**2015**	2018	
护理	2010	2.1637	**2015**	2019	
对策	2010	2.9259	**2015**	2016	
人才	2010	2.0315	**2016**	2017	
老年服务与管理专业	2010	2.0315	**2016**	2017	
机构养老	2010	2.0351	**2017**	2020	
养老护理服务	2010	2.476	**2019**	2022	
影响因素	2010	1.8512	**2019**	2022	
护理教育	2010	1.997	**2020**	2022	
产教融合	2010	1.997	**2020**	2022	

图 5-9 国内关键词突现知识图谱

5.4 讨 论

本文运用 CiteSpace 信息可视化软件对 2010—2022 年的中国知网数据库和 Web of Science 核心文集数据库中的 747 篇养老护理人才文献进行可视化分析及检索文献时区分布图分析，以了解养老护理人才研究领域文献总量的现状和发展趋势；对研究机构和高频作者进行分析，可以得知该机构和作者在此领域研究的影响力，以及不同机构和不同作者之间相互合作的紧密程度；通过描绘高频关键词的聚类图谱，将养老护理人才研究现状和热点领域进行可视化分析。

（1）研究热点清晰，但缺乏系统性与权威性。研究显示，养老护理人才研究领域是多学科交叉共同参与的，其中有医学社会学、大健康视域下公共卫生管理学、老年护理学、老年心理学、哀伤治疗、医疗康复、中医学、临床医学等。聚类结果揭示了目前国内的研究热点在于养老护理人才职业技能培训、社区养老与老年专业护理。由此可见，养老护理人才的培养不仅可为老年群体补充供方，也可促进我国养老服务产业的发展。随着老龄化趋势的快速发展，养老产业不仅是惠民政策中必不可少的一环，更是促进社会安定、和谐的重要因素。养老护理人才的职业培训和专业化将对我国未来的养老服务行业产生重要的影响。目前养老护理人才培养在国内外都受到了很多关注，与养老人才培养相关的文章数量逐年增加，研究内容也更加多样化，但是整个研究体系尚存在一些不足。比如，与国外相比，国内不同地域之间的养老政策和实施现状存在差异，缺少一个适用于全国的标准和规范。应积极打造养老服务体系和人才供给体系，支持院校开设与老年照护相关的专业，同时也鼓励利用社会资源开办养老照护培训机构。细化养老照护人才的职业标准，也可借鉴国外经验，强化居家照护，对志愿者等相关人员开展护理培训；对于照护知识的普及及宣传推广，政府适当地给予经济奖励和支持。

（2）研究者与研究机构相对分散。近 10 年来，与国外相比，国内养老护理人才领域的研究者和研究机构之间合作关系较少且分散，不同研究者和机构的研究内容重复和研究热点集中现象较为严重，研究机构相互之间的信息交流较为局限，没有形成系统的养老护理人才研究体系，这不利于养老护理人才未来的研究发展。因此，应该通过互联网创建有利于养老护理人才研究的交流平台，此平台中不仅有相关学者和研究机构，也应吸纳社会资源，如利用各种社会资源创办的养老机构、养老护理人才培训机构、与养老产业相关的产业机构等，可以促进老年护理理论与实践相结合。

5.5　研究结论与启示

本研究运用 CiteSpace 信息可视化软件，从国内、国外两个视角，对 2010—2022 年养老护理人才研究文献进行数据梳理及可视化分析，探究养老护理人才领域研究的前沿热点与演进历程，分析内容包括年度发文量、研究机构、研究热点等，为我国养老护理人才研究提供参考。

从研究现状来看，国外研究发文量整体呈现稳步上升的趋势，但该领域的研究机构数量较少，研究较为分散。国内发文量经历了稳步发展与快速增长两个阶段，在研究中同样出现权威机构较少、不同机构之间缺乏合作的情况，还未形成比较成熟的合作团体。

从研究热点上看，二者的研究内容和侧重点有所不同。国外养老护理人才的研究方向主要集中在老年护理人员、健康及老年人等内容，nurse、education、health、care 等关键词频次较高；国内养老护理人才的研究主体主要集中于养老护理人才、机构养老、人才培养、教育等方面，养老护理员、养老机构、养老护理、医养结合、人才培养等关键词频次较高。从研究聚类上看，国外主要围绕 education、palliative care 等 7 个聚类展开，大部分聚类之间联系比较紧密；国内主要围绕养老服务人才、人口老龄化等 8 个聚类展开，各聚类集中出现于 2016 年以后，聚类间联系同样较为紧密。从突现词上看，国内突现词数量明显高于国外，国内共出现 19 个突现词，其中，培训的突现强度最高，持续时间最长，为 6 年，而养老护理服务、影响因素、护理教育及产教融合等属于近期研究热点；国外共出现 12 个突现词，aged care 突现强度最高，satisfaction 的持续时间最长，experience 有潜力成为研究热点。

通过对国内外养老护理人才文献进行可视化分析，梳理了目前该领域的主要发展过程、研究热点和趋势，本章预测未来养老护理人才领域的研究可能有以下四个方向：

（1）护理技能与知识的提升。养老护理是涉及老年人身心健康的综合性服务，要求护理人员具备丰富的专业知识和实践经验。因此，未来养老护理领域的研究方向可能是探索如何增加护理人员的专业知识及提高他们的技能水平。

（2）护理人员的素质要求。养老护理作为服务性工作，护理人员的服务态度和专业素养对老年人的身心健康有着重要的影响。因此，未来的养老护理研究应该关注如何培养和选拔更具素质的护理人才，提高他们的职业道德和综合素养。

（3）护理服务的创新。养老护理服务需要与老年人的需求相适应，随着老年人不同阶段的需求发生变化，服务也需要不断创新和调整。因此，未来的养老护理研究也应该关注如何采用新技术、新模式、新方法来提高服务的质量和效率。

（4）护理服务的国际交流与合作。养老护理是全球性问题，不同国家和地区有着不同的养老模式和文化背景。未来的养老护理研究应该关注国际交流与合作，分享经验和资源，共同促进护理服务的提升。

参考文献

［1］陈悦，陈超美，刘则渊，等.CiteSpace 知识图谱的方法论功能［J］.科学学研究，2015，33（2）：242－253

［2］杜鹏.积极应对人口老龄化，推进中国式现代化［J］.人口与发展，2022，28（6）：2－6.

［3］高鹏，杨翠迎.我国医养结合服务模式实践逻辑与协同路径分析：基于"全国医养结合典型案例"的扎根理论研究［J］.兰州学刊，2022（8）：135－148.

［4］高亚暄，安兰茹，梁叶田，等.长期照护机构照护中尊严的实践进展［J］.医学与哲学，2022，43（12）：45－48，77.

［5］胡戬，金向红.我国产教融合型师资队伍研究现状、热点及建议——基于 CiteSpace 的文献计量分析［J］.教育理论与实践，2022，42（15）：34－38.

［6］李文君，井淇，商茜茜，等.基于 CiteSpace 的老年人整合照护研究热点及趋势分析［J］.护理研究，2022，36（17）：3048－3054.

［7］李欣，庞冬，陆宇晗，等.临终护理培训课程的研究进展［J］.中华护理教育，2021，18（9）：860－864.

［8］刘理晖，王伟进，顾天安，等.我国养老护理职业教育的进展、问题及政策建议［J］.中国职业技术教育，2021（3）：10－17.

［9］娄方丽，田辉.护理不良事件研究进展［J］.护理研究，2019，33（10）：1726－1730.

［10］罗哲，唐迩丹.我国人才政策的演变趋势与发展方向——基于 CiteSpace 知识图谱分析［J］.软科学，2021，35（2）：102－108.

［11］马跃如，文铮，易丹.考虑老年人满意度的多目标居家养老护理员路径优化［J］.工业工程，2021，24（1）：74－81，103.

［12］王颖捷.认知症老年人机构照护环境风险防范设计研究——基于 SHEL 风险控制理论模型分析［J］.南京艺术学院学报（美术与设计），2023（2）：183－187.

［13］吴海珍，刘新萍.2000—2020 年我国研究生人才培养模式研究概况及其热点趋势——基于 CNKI 刊载文献的 CiteSpace 可视化分析［J］.经济研究导刊，2023（8）：114－116.

［14］谢红，谭铄纱，郎捷.基于 Citespace 的产教融合研究热点与趋势分析

［J］．中国职业技术教育，2021（36）：76－81．

［15］闫子璇，杨慧．老年护理人员的心理压力及压力应对策略分析［J］．智库时代，2020，228（8）：242－243．

［16］张志远，刘万芳，张利岩，等．基于冰山模型及双螺旋模型构建医疗护理员培训师胜任力评价指标体系［J］．护理研究，2023，37（4）：691－696．

［17］朱荟，陆杰华．积极应对老龄化国家战略的理念突破、脉络演进与体制再构［J］．中国特色社会主义研究，2021（2）：12－18．

［18］朱火云．积极老龄化战略：概念内涵、欧盟经验及对中国的启示［J］．社会保障评论，2022，6（6）：116－129．

［19］GORDON S，BURNS R，CHAMPION S，et al. Compassion and person-centred care：survey development for aged care workers［J］．Australia journal on ageing，2020，41（2）：140－150．

［20］HODGKIN S，WARBURTON J，SAVY P，et al. Workforce crisis in residential aged care：insights from rural，older workers［J］．Australia journal of public administration，2017，76（1）：93－105．

［21］MORRISON-DAYAN R. A viable care migration programme for Australia's ageing population：recruiting migrant personal care workers for Australian aged care［J］．Australia journal of social issues，2019，54（4）：371－385．

［22］RADFORD K，SHACKLOCK K，BRADLEY G. Personal care workers in Australian aged care：retention and turnover intentions［J］．Journal of nursing management，2015，23（5）：557－566．

［23］XIAO L D，HARRINGTON A，MAVROMARAS K，et al. Care workers' perspectives of factors affecting a sustainable aged care workforce［J］．International nursing review，2020，68（1）：49－58．

［24］ZHANG N J，UNRUH L，WAN T T H. Gaps in nurse staffing and nursing home resident needs［J］．Nursing economics，2013，31（6）：289－297．

第 6 章　基于 CiteSpace 的国内专科护理质量研究热点趋势分析

　　专科护理作为护理学科不断发展的产物，已在临床上实践多年，技术日臻完善。近年来，随着医疗技术的进步和人们健康需求的增加，专科护理在医疗服务中的地位日益突显，专科护理质量直接关系到患者的治疗效果和满意度。因此，研究如何提高专科护理质量，为患者提供更为完善的护理服务，进而提高患者的生活质量至关重要。当前，国内学者开展了许多关于专科护理质量的研究，成果丰富。刘树佳等构建了血液专科护理质量指标，为血液科护理质量监测提供了依据。高志宏构建了基于敏感指标的骨科专科护理质量标准。然而，鲜有学者从科学计量学角度对专科护理质量进行研究。哪些学者比较关注专科护理质量研究、该领域的研究热点是什么、都围绕哪些问题在研究、演化历程如何，对这些问题的回答有助于把握专科护理质量领域的研究力量、研究热点和发展趋势。本章从可视化的角度对专科护理质量进行了计量研究，利用可视化的知识图谱软件 CiteSpace，对该领域的研究的文献数据进行可视化计量分析。通过探究该领域发展的研究热点及其演化趋势，以期对专科护理质量研究提供有益的参考和借鉴。

6.1　数据来源与研究方法

6.1.1　数据来源

　　本章的研究基于大量数据文献资料，这些数据文献资料全部来自中国知网数据库。其中，21 世纪以前国内的专科护理质量的研究文献较少，因此为了保证研究结果的科学性和准确性，本章对专科护理质量研究以 2000—2023 年为检索时间，时间截止到 2023 年 9 月 1 日。在中国知网的学术期刊中进行高级检索，以"专科护理质量"为主题词，期刊来源选择全部期刊，并在找到的文献中进行筛选，去除一些与专科护理质量无关的文献及一些会议通知、广告信息等，最终选取 859 条有效文献数据，在此基础上形成专科护理质量研究的可视化图谱与图表。

6.1.2　研究方法

本章主要基于科学计量学，运用 CiteSpace 可视化软件进行计量分析。CiteSpace 软件由美国德雷塞尔大学陈超美教授研发。CiteSpace 软件作为一款引文可视化分析软件，可以通过深入的可视化分析来制作出科学知识图谱，从而直观地展现出科学知识的结构和演变过程，帮助我们客观了解到某研究领域的热点主题及关键转折点，并能够预测未来的研究走向。本章选取 CiteSpace 软件作为分析工具，主要对研究作者、关键词热点、关键词演进、突现词等一系列基本信息进行可视化分析，以此探究专科护理质量的科学研究前沿。

6.2　结果

6.2.1　发文量分析

某一领域的年度发文量反映了某个阶段内该领域的研究概况、发展趋势等，可以在一定程度上代表该领域学术研究的发展水平，也可以及时体现出社会发展与该领域之间的互动关系。通过对中国知网的学术期刊中2000—2023 年关于专科护理质量年度发文量的相关数据进行初步的分析，可以看出当前我国专科护理质量领域研究的发展趋势。21 世纪以来国内专科护理质量的发文趋势如图 6-1 所示。

通过观察专科护理质量的年度发文量情况，可以清晰地看出国内专科护理质量的研究大致分为 3 个阶段：①2000—2005 年，这一阶段处于研究起步的阶段，发文量较为稳定，基本维持在每年 5 篇左右，但在 2004 年，发文量出现了小幅增加，为 10 篇，早期的研究主要关注护理风险的防范措施及护理质量的改进等；②2005—2020 年，这一阶段的发文量显著上升，并分别在 2018 年与 2020 年达到最高点，为 85 篇，表明此阶段国内学者对专科护理质量的研究热情明显提高，这一阶段的研究内容非常广泛，如专科护理质量敏感监测指标在各类疾病患者中的应用、手术室专科护理质量指标体系的构建等；③2020—2023 年，这一阶段发文量处于下降的状态，然而，由于 2023 年检索并非一整年，因此检索结果与前几年的相差较大，预测在 2023 年底，发文量能够持平或超过 2022 年的发文量。

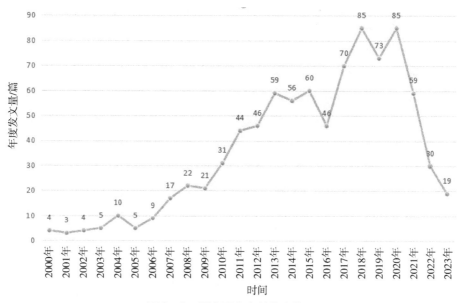

图 6 - 1　国内研究文献发文情况

6.2.2　作者合作分析

在学术期刊上发表文献的数量在一定程度上代表了作者在该领域的学术地位，作者合作网络能够清晰反映该研究领域的核心作者群体及其合作关系。CiteSpace 知识图谱软件可以绘制专科护理质量研究文献的来源作者图谱。在图谱中的节点越大，表明发文量越多；作者间的合作度通过作者间连线的粗细和颜色展现出来，连线较粗的表示合作比较紧密。本章设置 Node Types 为 Author，时间跨度为 2000—2023 年，Years Per Slice 为 1 年，Top N 值为 20，以此为基础绘制作者合作知识图谱，如图 6 - 2 所示。

观察图 6 - 2 可知，知识图谱中共有 58 位作者被纳入，连线有 72 条，网络密度 0.0436。专科护理质量研究领域的作者较多，作者间的合作较为紧密，共产生 8 个研究团队。其中，以陈晓玲及黄天雯为中心的研究团队规模最大，涵盖 10 位作者。该团队主要研究了骨科专科护理质量评价指标在关节外科围手术期患者及骨关节外科围手术期患者中的应用，通过比较对照组与实验组两组患者的功能锻炼依从性、疼痛干预有效率、健康教育知晓率、患者满意率及并发症发生例数，得出如下结论：骨科专科护理质量评价指标应用于关节外科围手术期患者，能够指导专科护理干预与质量控

图6-2 作者合作知识图谱

制，降低并发症发生率，提高患者满意率，促进患者早期康复。研究团队规模次之的是分别以黄云娟为中心和以顾潇为中心的研究合作团队，均涵盖5位作者。前者建立了以"三定"管理为核心的护士管理新模式，后者探究了胸外科病种护理质量评价指标体系的应用，并提出患者满意度调查是评价护理质量的重要方法，在对整体护理质量进行有效的质量控制过程中，需认真做好护理健康教育效果评价这一环节。

　　从发文数量上看，发文量排在前列的作者有陈晓玲、黄天雯、成守珍、戴巧艳及肖萍等，发文量均超过5篇；从研究作者的合作度上看，主要作者中的合作度较高，可以认为在专科护理质量相关领域内局部形成了严密成熟的合作网络。其中，来自中山大学附属第一医院的作者成守珍主要研究了胃肠外科专科护理质量评价指标的构建等内容，该评价指标体系包括3个一级指标、9个二级指标、24个三级指标，且该指标体系可以为胃肠外科专科护理质量管理提供科学依据，规范胃肠外科专科护理行为。

6.2.3　关键词共现知识图谱

　　共词分析的主要途径之一便是提取引文的关键词、摘要等题录信息，研究主题热点可以通过高频关键词反映出来。在 CiteSpace 信息可视化软件中，将年份间隔区间（Slice）设置为1年，并设置 Selection Criteria 中 TOP

N 的值为 10，并在 Pruning 中设置 Pathfinder、Pruning the merged network 等参数，以关键词共现网络的方法为主，生成专科护理质量研究关键词共现网络知识图谱（图 6-3）与关键词频次表（表 6-1）。

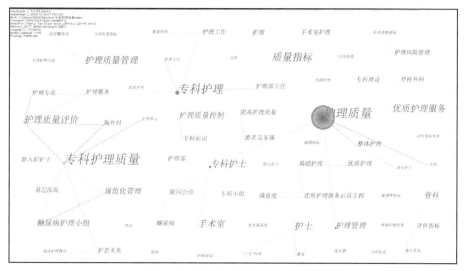

图 6-3 关键词共现网络知识图谱

（1）与护理质量相关的关键词包括护理质量、专科护理质量、质量指标、护理质量评价及护理质量管理等。随着社会的发展及医学模式的转变，人们对治疗和护理的期望越来越高，这就要求必须提高护理质量，以适应新形势下的要求。

（2）与专科护士相关的关键词包括专科护士、护士、责任护士及护患关系等。为了提高专科护理质量，专科护士需要与护理管理人员相互帮扶，充分发挥自身技能优势。

（3）与护理管理相关的关键词包括规范化管理、护理管理、护理质量管理、管理及护理风险管理等。世界卫生组织将护理管理定义为：为了提高人们的健康水平，系统地利用护士的潜在能力和有关的其他人员或设备、环境及社会活动的过程。

（4）与护理部相关的关键词包括手术室、护理部、胸外科等。

中心性是测度节点在网络中重要性的一个指标（此外还有度中心性、接近中心性等）。CiteSpace 使用此指标来发现和衡量文献的重要性，并用紫色圈对该类文献（或作者、期刊及机构等）进行重点标注，这也是判断学者们关注焦点的重要依据。从代表节点促进作用的中心性指标（表 6-1）

来看,护士长、专科护理、专科护理质量、优质护理服务、护理质量、护理部与其他热点关键词之间的通信较强,说明它们经常处于和其他关键词通信的路径中,对文献之间的互引关系起到积极作用。

表 6-1 关键词频次

序号	关键词	频次	中心性	序号	关键词	频次	中心性
1	护理质量	394	0.44	16	骨科	11	0.14
2	专科护理	104	0.78	17	护理部	10	0.43
3	专科护士	103	0.19	18	糖尿病护理小组	10	0.05
4	护理管理	89	0.09	19	敏感指标	10	0
5	专科护理质量	77	0.51	20	护理质量评价	9	0.09
6	手术室	47	0.15	21	护理质量管理	8	0.14
7	满意度	38	0.18	22	评价指标	8	0.05
8	护理	34	0	23	护士	8	0.14
9	糖尿病	25	0.09	24	专科质量指标	7	0
10	德尔菲法	24	0	25	管理	6	0
11	质量指标	19	0.31	26	护理质量控制	6	0.18
12	护士长	17	1.09	27	专科小组	5	0.15
13	优质护理服务	17	0.46	28	护理查房	5	0
14	规范化管理	16	0.11	29	护理质量敏感指标	4	0
15	优质护理	12	0.3	30	提高护理质量	4	0

6.2.4 关键词演进分析

关键词时间线图是在关键词聚类的基础上,将每类关键词依据出现时间的先后由左向右依次展开,每个聚类包含的关键词处于聚类名称的下方。在 CiteSpace 可视化软件中,点击"Timeline",生成基于聚类的关键词时间线图谱(图 6-4),可以更加直观地了解专科护理质量领域研究主题热点的演进过程。

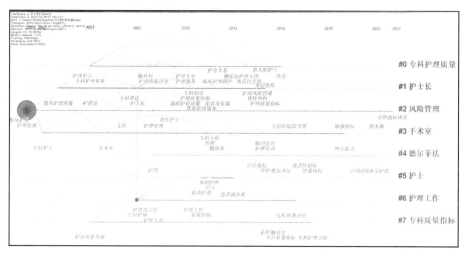

图6-4　关键词时间线图谱

从图6-4可以看出，国内专科护理质量研究关键词包含8个聚类，即有8个研究方向，这8个聚类分别为专科护理质量、护士长、风险管理、手术室、德尔菲法、护士、护理工作、专科质量指标。聚类的模块值 Q 的大小与节点的疏密情况相关， $Q = 0.7607$ ，说明该网络结构聚类效果较好，可以用来进行科学的聚类分析。平均轮廓值 S 的大小可以用来衡量聚类的同质性， $S = 0.5052$ ，表明同质性较高，不同聚类划分较好。

从关键词时间分布来看，新增的关键词首先出现在2000年，包括护理质量与整体护理两个高频词。2000—2006年，关键词出现较少，出现的关键词包括护理单元、提高护理质量、护理质量管理等。2007—2016年，关键词数量开始快速增加，说明关于专科护理质量的研究热度显著上升，在此期间，出现的关键词包括评价指标、护理培训、专科医院风险管理、护理风险管理等关键词。在评价指标的构建中，现有学者多采用半结构式访谈、文献回顾、德尔菲法等构建某一类型疾病的患者专病护理质量评价指标体系，从而为客观科学地评价和改善该患者的护理质量水平提供借鉴。2016年后，关键词数量明显衰减，敏感指标、核心能力、围术期等关键词开始出现。

6.2.5 关键词突现分析

突现词又称为激增词，是指短时间内出现频次突然增加或者使用频次明显增多的关键词。通过对关键词突现词进行分析可以探究在专科护理质量领域的发展趋势及前沿热点。利用 CiteSpace 可视化软件在关键词共现网络基础上生成专科护理质量关键词突现知识图谱（图6-5）。

Top 19 Keywords with the Strongest Citation Bursts

Keywords	Year	Strength	Begin	End	2000—2023
护理质量	2000	3.1081	2000	2001	
专科护士	2000	10.4645	2001	2010	
护理部	2000	5.2313	2004	2011	
护士长	2000	6.5086	2007	2012	
护理人员	2000	3.3429	2008	2011	
护理	2000	3.9223	2008	2010	
护理质量评价	2000	3.5098	2008	2012	
优质护理服务	2000	6.8448	2011	2015	
护士	2000	4.065	2011	2015	
管理	2000	4.1664	2011	2013	
优质护理	2000	6.4016	2011	2014	
糖尿病护理小组	2000	3.3062	2014	2019	
糖尿病	2000	3.1462	2015	2016	
规范化管理	2000	4.2679	2016	2019	
骨科	2000	4.02	2017	2019	
核心能力	2000	2.9109	2019	2020	
敏感指标	2000	5.0707	2020	2021	
护理质量敏感指标	2000	3.6855	2020	2023	
德尔菲法	2000	6.7326	2021	2023	

图6-5 关键词突现知识图谱

在图6-5中共出现了19个突现词。从强度上看，专科护士的强度在所有突现词中遥遥领先，达到了10.4645。强度排在第二位的突现词为优质护理服务，强度是6.8448。2012年印发的《2012年推广优质护理服务工作方案》强调，要结合全国卫生系统创先争优和"三好一满意"活动，以加强护理内涵建设和提高技术水平为核心，扎实推进优质护理服务。其余强度较高的突现词包括优质护理、护士长、德尔菲法、敏感指标等。

从持续时间上看，持续时间最长的突现词是专科护士，持续时间为2001—2010 年，持续时长为 10 年，表明在长时间内其研究热度较高，受到学者们的广泛关注。持续时间排在第二位的突现词为护理部，持续时长为8 年。其余持续时间较长的突现词有糖尿病护理小组、护士长、优质护理服务、护士等，持续时长均不少于 5 年。而突现词护理质量敏感指标、德尔菲法在近年来开始出现，并持续至今，属于未来研究的热点内容。

6.3 结论

本研究应用 CiteSpace 信息可视化软件，以文献发文情况、作者合作网络、研究热点、演进分析及关键词突现为重点，对国内专科护理质量研究进行文献整理、信息挖掘和可视化分析，梳理了 21 世纪以来该领域研究的前沿与热点的演进发展印记，为探究我国专科护理质量研究前沿和方向提供经验与借鉴。研究结果如下：

（1）对专科护理质量研究发展关注度越来越高。从研究趋势上看，专科护理质量研究的热度持续走高。从发文量上看，2000—2005 年处于研究起步阶段，发文量较少，基本维持在 5 篇左右；2005—2020 年，发文量显著上升，研究热度上涨明显；2020—2013 年，发文量处于下降的状态。从作者合作网络上看，作者合作网络相对紧密，但合作的团体规模差异较为明显。发文量超过 5 篇的作者有陈晓玲、黄天雯、成守珍、戴巧艳及肖萍。

（2）从研究热点上看，专科护理质量的研究热点在护理质量、专科护士、护理管理及护理部等内容。出现频次较多的关键词包括护理质量、专科护理、专科护士、护理管理、专科护理质量及手术室等。在关键词聚类中，出现了包括专科护理质量、护士长、风险管理等的 8 个聚类，且各个聚类关系较近。在关键词演进上，新增关键词护理质量与整体护理首先出现在 2000 年。2000—2006 年，关键词出现数量较少；2007—2016 年，关键词数量开始快速增加，说明关于专科护理质量的研究热度显著上升；2016 年以后，关键词数量明显衰减，敏感指标、核心能力、围术期等的关键词开始出现。从突现词上看，专科护士、优质护理服务、德尔菲法、优质护理、护理部、敏感指标等强度较高，专科护士、护理部、糖尿病护理小组、护士长等持续时间较长。

综上，专科护理质量研究是一个持续的过程，需要在实践中不断总结和完善。未来，应更加关注专科护理质量的提升，为患者提供更加优质、高效的医疗服务。

参考文献

[1] 陈煜羲.依托信息技术构建专科护理质量管理平台 [J].中国卫生标准管理，2022，13（2）：9-13.

[2] 陈悦，陈超美，刘则渊，等.CiteSpace 知识图谱的方法论功能 [J].科学学研究，2015，33（2）：242-253.

[3] 丁丽娜，陈燕，蒋冯洁.医共体下专科护士使用与管理的实践与思考 [J].中医药管理杂志，2021，29（16）：125-127.

[4] 丁晔，杜晓燕，钱俊，等."三定"管理为核心的护士管理新模式的建立与应用 [J].护理研究，2012，26（21）：1996-1998.

[5] 贺应秀，帅永开，胡静.专科护理质量指标监测在老年髋部骨折患者术后功能锻炼中的应用 [J].保健医学研究与实践，2020，17（6）：67-71.

[6] 黄天雯，张伟玲，刘圆圆，等.基于敏感指标的骨科专科护理质量标准的构建 [J].护理研究，2022，36（4）：580-586.

[7] 李加宁，宋雁宾.护理风险防范措施与护理质量改进 [J].现代护理，2004，10（3）：243-244.

[8] 刘畅，封海霞，张莉，等.专科护理质量敏感监测指标在脑卒中吞咽障碍患者中的应用 [J].现代医学，2020，48（11）：1452-1455.

[9] 刘巧梨，黄天雯，陈晓玲，等.骨科专科护理质量评价指标在骨关节外科围手术期患者中的应用 [J].当代护士（下旬刊），2019，26（5）：179-181.

[10] 刘树佳，江华，李魁星，等.血液专科护理质量指标的构建 [J].中华护理杂志，2020，55（4）：574-578.

[11] 倪杰，陈小俊，黄天雯，等.骨科专科护理质量评价指标在关节外科患者围手术期的应用 [J].世界最新医学信息文摘，2019，19（99）：386，392.

[12] 乔金方，熊伟昕，伍淑文，等.胃肠外科专科护理质量评价指标的构建 [J].齐鲁护理杂志，2018，24（18）：32-34.

[13] 王朝阳，于静，舒玲，等.手术室专科护理质量指标体系的构建及应用 [J].齐鲁护理杂志，2020，26（10）：131-133.

[14] 王彦艳，刘延锦，娄小平，等.加强专科护理在推广优质护理服务中的

实施与效果［J］.齐鲁护理杂志，2017，23（8）：111-113.

［15］张海燕，顾潇，朱希燕，等.胸外科病种护理质量评价指标体系的应用与思考［J］.河北医药，2008，30（5）：728.

［16］张咏梅.护理质量评价对提高产科护理质量的效果分析［J］.护士进修杂志，2011，26（9）：799-800.

第7章 基于 CiteSpace 的国内安宁疗护研究热点趋势分析

　　随着中国老龄化进程的加速和疾病的不断演化，疾病终末期患者的数量不断增加。在这种情况下，安宁疗护逐渐成为社会关注的焦点。国家卫生健康委员会明确将安宁疗护定义为"为疾病终末期或老年患者在临终前提供身体、心理、精神等方面的照料和人文关怀等服务，控制痛苦和不适症状，提高生命质量，帮助患者舒适、安详、有尊严地离世"。安宁疗护服务的目标是改善患者及其家属的生活质量和生命质量，以实现"患者善终、家人善别"的愿景。当前，安宁疗护逐渐成为国内学者们开展研究的热点话题，研究成果丰富，但鲜有研究从科学计量学角度对安宁疗护开展研究。安宁疗护的文献分布如何、存在哪些有影响力的研究学者、研究主题热点如何、研究趋势如何，对这些问题的回答有助于把握安宁疗护领域的研究力量、研究热点和发展趋势。因此，本章基于文献计量的视角，利用 CiteSpace 可视化软件，对中国知网数据库中 2004—2023 年安宁疗护相关期刊文献进行梳理，探究国内安宁疗护研究进展，绘制安宁疗护研究的知识图谱并进行分析，对该领域的研究热点及其演化趋势进行探索，以期为中国情境下的安宁疗护相关理论提供参考。

7.1　数据来源与研究方法

7.1.1　数据来源

　　本研究主要以中国知网数据库中的文献数据作为数据来源，以"安宁疗护"为检索条件，检索时间范围为默认，文献来源选择学术期刊，在剔除广告、简讯、会议通知等与所研究主题不相关的文献后，最终得到 1395 条有效数据，在导出相关文献时，格式为 Refworks。为了满足 CiteSpace 可视化软件绘制知识图谱的数据格式要求，利用其数据转换功能将导出的数据进行格式转换，为后续绘制相关知识图谱做准备。

7.1.2　研究方法

　　本章利用 CiteSpace 可视化软件来分析科学文献中的潜在知识。

CiteSpace 可视化软件可进行科学度量和数据可视化设计，其基本目的是揭示学科内部的动态发展模式并确定研究领域。本章使用的软件版本为 CiteSpace 5.5. R2。在知识图谱网络中，节点的中心地位可以说明节点的重要性，网络密度则反映出所分析内容的整体连通性。因此，本章通过对检索得到的安宁疗护文献数据进行作者合作网络分析、关键词热点网络分析、关键词时区分布分析及关键词突现分析等来获得统计信息和知识图谱，可较为直观地反映安宁疗护研究领域的热点内容和发展趋势。

7.2　研究时空分布

7.2.1　年度发文量分布

学术文献发文数量反映了某个阶段内某个领域的发展速度与未来走向等，能够在一定程度上代表该领域学术研究的发展水平，同时也能够体现出社会发展与该领域之间的互动关系。通过对中国知网的学术期刊中关于安宁疗护年度发文量的相关数据对其进行初步的分析，可以看出当前我国安宁疗护领域研究的发展趋势（图 7-1）。

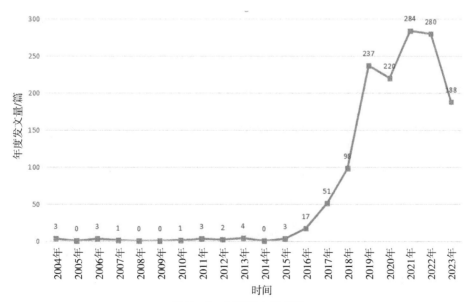

图 7-1　年度发文量趋势

观察图 7 - 1 可知，安宁疗护研究在近年来处于快速上升的趋势。具体可分为三个阶段：① 2004—2015 年。在此期间，国内学者关于安宁疗护的研究文献数量较少，每年发文量均为 0～4 篇，且有一半的时间发文量在 1 篇及以下，变化幅度不大，说明在这一跨度较长的时间内，学者们对于安宁疗护的研究处于起步以及摸索阶段，相互间合作较少。此阶段研究的内容包括对安宁疗护的影响因素调查研究、中国安宁疗护的必要条件等。② 2015—2019 年。在此期间，研究发文数量急速上涨，从 2015 年的 3 篇上涨到 2019 年的 237 篇，体现出国内学者们对安宁疗护这一研究领域的关注度明显上升，有越来越多的学者进入这一领域开展研究，学者们的研究兴趣不断增加，合作程度不断加深。③ 2019—2023 年。在此期间，研究发文量趋于稳定，但每年发文量均在 200 篇以上，表明安宁疗护属于近期重要的研究领域；研究的内容有所拓展，如护士安宁疗护的态度和能力研究，以及患者安宁疗护的需求研究等。

7.2.2　作者合作分析

作者合作网络图谱可以反映出某些作者在安宁疗护领域的学术地位，也可以清楚地反映出核心作者群体及合作关系程度。因此，本章通过运用 CiteSpace 知识图谱软件，设置 Node Types 为 Author，时间跨度为 2004—2023 年，Years Per Slice 为 1 年，Top N 值为 5，其余值设为默认，生成安宁疗护研究文献的作者合作知识图谱，以此查看安宁疗护这一研究领域的作者发文情况及合作情况，如图 7 - 2 所示。

在图 7 - 2 中共出现了 80 位作者，作者间连线有 73 条，表明作者间存在紧密的合作关系，并形成稳定的合作团队。有 15 个研究合作团队对安宁疗护进行研究，其中，研究团队规模最大的是以谌永毅为中心的合作团队，包含 14 位研究学者，他们主要针对安宁疗护护士的实践能力进行质性研究，以安宁疗护护士、医生、患者为研究对象，进行半结构式访谈，并运用内容分析法对资料进行分析，提炼出 4 个一级维度，分别是专业照护能力、沟通协调能力、个人特质及专业发展能力，因此提出以下研究建议：安宁疗护从业护士培训今后可从专业照护能力、沟通协调能力、个人特质、专业发展能力等方面出发，提高安宁疗护护士解决困难的能力，为安宁疗护护士选拔提供参考。研究团队规模排名第二的合作团队共有 2 个，分别是以诸海燕为中心和以陈长英为中心的合作团体，每个团队均包括 8 位研究学者，而其他的合作团队规模较小。

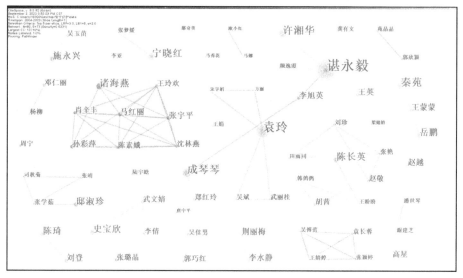

图7-2 作者合作知识图谱

从作者总体发文量上看，发文量靠前的作者有谌永毅、袁玲、成琴琴、秦苑、许湘华、陈长英及诸海燕等，发文量为10篇及以上。其中，来自湖南省肿瘤医院的作者谌永毅的节点最大，发文量最多，为33篇，她研究了艾滋病患者安宁疗护的现状及其影响因素。艾滋病的特殊性使患者的生存期难以预测，医护人员对艾滋病患者实行安宁疗护的认知度低等因素影响了艾滋病患者安宁疗护的发展，因此可开发艾滋病死亡预测模型，筛查出需要接受安宁疗护的患者，了解患者的安宁疗护需求，明确准入标准，推动试点工作的开展。来自南京大学医学院附属鼓楼医院的作者袁玲的发文量排在第二位，为22篇。她采用质性研究的方法来挖掘晚期癌症患者家属参与安宁疗护决策时的真实体验，从而为医护人员制定辅助策略、改善患者家属的安宁疗护决策体验提供参考。来自郑州大学第一附属医院的陈长英对家庭照顾者安宁疗护满意度评估工具的研究进展进行梳理，提出在未来我国学者应在引进国外特异性评估量表的同时，致力于开发研制针对性和特异性较强的本土化安宁疗护满意度评估工具，以期推动安宁疗护质量评价朝着科学化、规范化的方向发展。

7.3 研究热点分布

7.3.1 关键词热点分析

共词分析作为一种内容分析法，对一组词在同篇文献中出现的次数进行统计，形成直观的科学知识图谱。在 CiteSpace 软件中，设置 Selection Criteria 中 TOP N 的值为 10，并在 Pruning 区中设置 Pruning the merged network 等参数，以关键词共现网络的方法为主，生成安宁疗护研究关键词热点图谱（图 7-3）与关键词频次表（表 7-1），以此直观地显示 21 世纪后安宁疗护领域的研究主题热点内容。

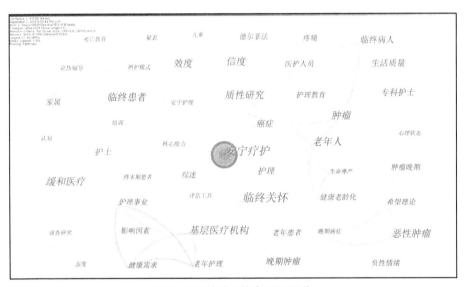

图 7-3 关键词热点知识图谱

（1）关于临终关怀的关键词如临终关怀、哀伤辅导、死亡教育等。临终关怀是一种为疾病终末期患者减轻痛苦，提高他们在临终前的生活质量的服务，包括对病痛、心理、社会和精神追求方面的评估和干预。

（2）关于晚期患者的关键词包括临终患者、终末期患者、临终患者、晚期肿瘤等。在临终患者生命的最后阶段，需要为患者提供精细化的护理服务，即使无法有效改善病情，也能够减轻患者的身心痛苦，提高其舒适度。

（3）关于疾病的关键词包括癌症、肿瘤、晚期肿瘤、恶性肿瘤及晚期癌症等。恶性肿瘤是严重威胁生命健康的杀手，不仅会引起机体的病理变化，还会导致心理变化。因此，需要探索符合这类患者的安宁疗护模式，进行有针对性的医疗服务。

（4）与研究方法相关的关键词包括质性研究、信度、效度、调查研究等。

表7-1 关键词频次分析

序号	关键词	频次	中心性	序号	关键词	频次	中心性
1	安宁疗护	1242	0.67	16	态度	21	0.04
2	生活质量	96	0.66	17	信度	21	0.04
3	临终关怀	93	0.45	18	效度	21	0.04
4	综述	68	0.15	19	认知	19	0.04
5	护士	66	0.39	20	肿瘤晚期	18	0.22
6	质性研究	52	0.51	21	恶性肿瘤	18	0.14
7	护理	52	0.27	22	晚期癌症	17	0
8	影响因素	47	0.29	23	负性情绪	15	0.1
9	癌症	35	0.22	24	疼痛管理	14	0
10	肿瘤	31	0.66	25	需求	13	0
11	临终患者	30	0.34	26	临终期	12	0
12	老年人	30	0.15	27	疼痛	11	0.08
13	晚期肿瘤	26	0.15	28	核心能力	11	0.02
14	缓和医疗	25	0.15	29	姑息治疗	11	0
15	终末期	24	0	30	预立医疗照护计划	11	0

从代表节点促进作用的中心性指标上看，安宁疗护这一关键词的中心性最高，节点外围的圈最为明显，中心性为0.67，与其他关键词联系最为紧密。其他高中心性的关键词包括生活质量、肿瘤、质性研究、临终关怀，中心性均高于0.45，与其他关键词之间的联系较为紧密。

7.3.2 关键词年度演变知识图谱

为了从时间维度研究发展演变过程，利用CiteSpace工具中的时区图对其进行分析。时区图是一个以时间为横轴的二维坐标图，文献节点基于首次被引用的时间落在不同时区中，节点随时间变化不断上移。安宁疗护领域知识演变图可以从左到右、自上而下地将知识直观展示出来。领域重视度增加，研究文章越多，该时间段内研究成果越多，此时是研究的繁荣阶段；相反，研究文章较少，节点数量较少，研究处于低谷阶段。同时，根据节点之间的连线可以看出各个节点的联系情况。安宁疗护领域的关键词时区分布如图7-4所示。

图7-4 关键词时区分布

通过观察图7-4，能够看出，在安宁疗护领域，大部分关键词出现在2016年以后，新增关键词首先出现于2004年，包括安宁疗护、末期病人和缓和医疗。2005—2015年出现了宁养疗护、临终病人两个关键词。目前宁养疗护的服务模式主要有宁养院类模式、社区医院组织模式、家庭病床模式、综合模式等。2016年后，关键词数量显著上升，2016年出现的关键词包括临终关怀、姑息治疗、社区卫生服务中心等。世界卫生组织将姑息治疗定义为通过评估和解决患者及其家庭生理、心理、社会和精神等方面问题来预防和减轻痛苦，从而改善患者及其家庭生活质量的方法。此后几年出现的研究内容包括各类疾病、疾病患者、医务人员、医疗技术等。2023年出现的关键词包括量表、德尔菲技术、医护人员、评估工具、儿童及死亡质量，说明近期学者们对于安宁疗护的研究兴趣较高，研究数量较多，相关理论较为成熟。

7.3.3 关键词突现分析

突现词是指出现频次在短时间内突然增加或者使用频次明显增多的关键性术语。通过对突现词进行分析，可以探究近年来安宁疗护的发展趋势及前沿热点，为未来安宁疗护研究提供参考。通过 CiteSpace 可视化软件在关键词共现网络基础上进行突现词知识图谱绘制，如图 7 – 5 所示。

图 7 – 5 中显示了 2004—2023 年 24 个最具有引用激增性的关键词，图中时间段上突出部分清晰地展现出起止时间和关键词的演进历程。由图 7 – 5 可以看到，大部分突现词出现在 2016 年以后。在持续时间上，突现词缓和医疗的持续时间最长，时间跨度为 2004—2018 年，持续时间为 15 年，说明缓和医疗这一突现词在 2004 年开始成为研究热点内容，一直持续到 2018 年。我国在 20 世纪末进入老龄化社会，随着慢性疾病和肿瘤终末期患者比例的增加，缓和医疗需求开始激增。持续时间次之的突现词为安宁疗护，时间跨度为 2005—2015 年，持续时间为 11 年。突现词临终病人的持续时间排在第三位，时间跨度为 2013—2019 年，持续时间为 7 年，其余热点关键词持续时间较短，均为 2 ～ 4 年。在强度上，强度最高的突现词为安宁疗护，强度高达 24.3313。强度排在第二位的突现词为缓和医疗，突现强度为 5.8855。其余关键词强度较低，均低于 5。疼痛强度、满意度、需求、态度、医护人员、知识及德尔菲法等突现词从 2021 年开始出现并持续至今，属于近期安宁疗护领域的研究热点内容。

7.4 研究结论

本章依托 CiteSpace 知识图谱软件，从科学计量学的角度对国内安宁疗护的研究文献进行梳理及可视化分析，探讨了国内 2004—2023 年该领域研究的前沿热点与演进历程，包括年度发文量、作者合作网络、研究主题热点、关键词时区分布、关键词突现等，以期为我国安宁疗护的研究提供借鉴与参考。主要结论如下：

（1）安宁疗护研究近期持续走高。从年度发文量上看，国内对于安宁疗护的研究在近 20 年处于不断上升的态势。2015 年前，在国内，与安宁疗护研究相关的文献的数量较少。2015—2019 年，发文量快速上升，体现出国内学者们对安宁疗护这一研究领域的关注度明显上升，越来越多的研究学者进入这一领域开展研究。2019 年后，发文量趋于稳定，每年均保持较

Top 24 Keywords with the Strongest Citation Bursts

Keywords	Year	Strength	Begin	End	2004—2023
缓和医疗	2004	5.8855	**2004**	2018	
安宁疗护	2004	24.3313	**2005**	2015	
临终病人	2004	4.0425	**2013**	2019	
临终关怀	2004	2.9291	**2016**	2018	
三级医院	2004	2.0879	**2017**	2019	
终末期患者	2004	1.5458	**2018**	2021	
死亡教育	2004	2.6289	**2018**	2019	
疼痛管理	2004	2.3567	**2018**	2019	
安宁护理	2004	2.7156	**2018**	2019	
肿瘤晚期	2004	4.1019	**2018**	2020	
抑郁	2004	1.8845	**2019**	2021	
肿瘤病房	2004	2.1224	**2019**	2020	
临终期	2004	4.2565	**2019**	2020	
研究热点	2004	2.4773	**2019**	2020	
癌症患者	2004	2.1224	**2019**	2020	
人口老龄化	2004	2.3727	**2020**	2021	
姑息护理	2004	2.7129	**2020**	2021	
疼痛程度	2004	2.0334	**2021**	2023	
满意度	2004	2.0334	**2021**	2023	
知识	2004	2.1911	**2021**	2023	
需求	2004	2.5714	**2021**	2023	
态度	2004	3.3385	**2021**	2023	
医护人员	2004	2.1911	**2021**	2023	
德尔菲法	2004	1.8765	**2021**	2023	

图 7-5　关键词突现图谱

高的研究水平。从作者合作网络上看，在安宁疗护这一领域中，共有 80 位作者进行研究，且作者合作之间较为紧密，出现了 15 个研究团队，最大的研究团队为以谌永毅为中心的团队，包含 14 位作者。谌永毅、袁玲、成琴琴、秦苑等的发文量较为靠前。

（2）在主题研究热点中，安宁疗护的研究热点主要集中在临终关怀、晚期病人、疾病及研究方法等，出现频次较多的关键词有安宁疗护、生活质量、临终关怀、综述、护士等。从关键词时区分布上看，新增关键词首次出现于2004年，而大部分关键词集中出现在2016年后，近期出现的热点关键词有量表、德尔菲技术、医护人员、评估工具、儿童及死亡质量等。从突现词上看，2004—2023年间共出现24个最具有引用激增性的关键词，其中，突现词缓和医疗、安宁疗护、临终病人等的持续时间较长，突现词安宁疗护与缓和医疗的强度较高。近期出现的突现词包括疼痛强度、满意度、态度、医护人员及德尔菲法等。

综上所述，尽管国内安宁疗护研究领域在不断进步和完善，但仍存在研究体系不统一、研究主题不聚焦等问题。在未来的研究中，应该进一步探索安宁疗护的实践效果、专业人才队伍建设及多学科合作模式等，为推动安宁疗护事业的发展做出更大的贡献。

参考文献

[1]程芬．安宁疗护对老年肿瘤临终患者心理应激反应及疼痛的影响价值分析［J］．婚育与健康，2023，29（8）：127－129.

[2]杜朝东，王沁，蒋涛，等.对安宁疗护影响因素的调查研究——以贵州省为例［J］.医学与哲学（A），2012，33（10）：32－33，36.

[3]符莹莹，张彩嫦，田宇翔，等．实习护生安宁疗护态度与能力现状及影响因素分析［J］.全科护理，2023，21（22）：3133－3136.

[4]高静，李国荣，张本艳，等.慢性疾病病人姑息治疗筛查工具的研究进展［J］.全科护理，2023，21（17）：2347－2351.

[5]苟玉琦，李沛窈，彭静涵，等．终末期肾病病人安宁疗护需求研究进展［J］．护理研究，2023，37（14）：2564－2569.

[6]李曼．中国老年人安宁疗护服务利用问题研究［J］.社会保障评论，2022，6（1）：101－116.

[7]刘谦，申林灵，秦苑．由死亡范式演进看中国安宁疗护问题［J］.清华大学学报（哲学社会科学版），2022，37（4）：215－221，228.

[8]刘阳，龚有文，杨索，等.安宁疗护护士实践能力的质性研究［J］.全科护理，2023，21（20）：2834－2837.

[9]马文帝．临终关怀（安宁疗护）设施设计标准研究［J］.石材，2023（7）：36－38，107.

[10] 逄天宇，袁玲，武丽桂，等.晚期癌症患者家属安宁疗护决策体验的质性研究［J］.中华护理杂志，2023，58（13）：1559－1564.

[11] 曲璇，张丁月，葛楠，等.硕士研究生缓和医疗认知水平与实践能力的调查及影响因素［J］.中华老年多器官疾病杂志，2022，21（11）：831－834.

[12] 孙建纯.中国的宁养疗护需要什么？——赴台研修后的反思［J］.医学与哲学（临床决策论坛版），2006，27（22）：72－74，封三.

[13] 王京娥，康宗林，李梦倩，等.临终反向关怀在宁养疗护中的应用研究［J］.医学与哲学（B），2016，37（9）：90－94.

[14] 王瑞博，崔盼盼，唐涵，等.家庭照顾者安宁疗护满意度评估工具的研究进展［J］.军事护理，2023，40（2）：83－86.

[15] 杨思雨，李旭英，樊榕溶，等.艾滋病患者安宁疗护现状及影响因素的研究进展［J］.中国艾滋病性病，2023，29（1）：124－127.

[16] 庄小燕，张芦芬，蒋娜.中年恶性肿瘤晚期病人安宁疗护需求现状及其疾病体验的质性研究［J］.全科护理，2023，21（24）：3435－3439.

第二编

养老领域

第8章　老年人生命质量

8.1　引言

健康老龄化是 21 世纪全球战略的重要组成部分，全社会共同努力，使老年群体呈现健康状态，老年人的生命质量得到提升、生活满意度得以提高、能够幸福地度过晚年。随着年龄增长，老年人易出现生理功能衰退、社会角色转变和社会适应能力降低等问题，严重影响其生命质量。老年人生命质量问题已涉及社会经济、家庭生活及个人生命周期等各个方面。

近些年，我国关于老年人生命质量的研究发展迅速。然而，就目前国内的研究而言，综述类文献相对较少，且缺乏专业文献计量分析工具的应用。CiteSpace 近年来日益受到学界的关注和青睐，但该工具尚未应用于老年人生命质量研究领域。本章运用 CiteSpace 软件绘制老年人生命质量研究的知识图谱，客观分析目前老年人生命质量的研究现状，为促进健康老龄化提供参考价值。

8.2　数据来源与研究方法

8.2.1　数据来源

数据来自中国知网网络出版总库，因中国知网内文献来源较为广泛，故选择核心期刊和中文社会科学引文索引为数据库，以此保证本章分析结果的代表性、权威性。本章检索主题为"老年人生命质量""老年人生活质量""老年人生存质量"，时间跨度为 1992—2022 年。共检索出 1068 篇文章，经查重筛选后，保留 1057 篇文献。文献检索时间为 2021 年 4 月 20 日。

8.2.2　研究方法

本章使用的引文分析工具为 CiteSpace 6. 1. R1。CiteSpace 是由美国德雷塞尔大学陈超美教授与其研究团队研发的基于 Java 运行环境的可视化分析软件，是一款应用于科学文献识别并显示科学发展趋势和动态的软件。本章运用 CiteSpace，根据从中国知网导出的 1057 篇相关文献绘制可视化图谱并以此为依据进行分析，时间跨度为 1992—2022 年，Time Slicing 选择为 1。

8.3　发文量趋势

某学科领域的发文量情况大致代表了该领域的研究热度。为从总体上把握老年人生命质量的研究趋势，本章分析了 1992—2022 年的关于老年人生命质量发文量总体趋势（图 8-1），发现总体呈现逐年递增的趋势。

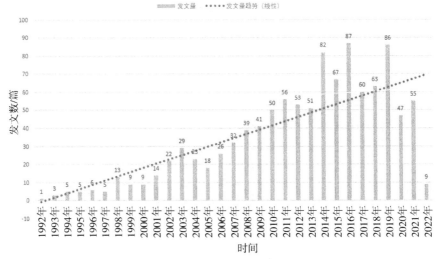

图 8-1　文献年度发文量趋势

1992—2006 年发文量均在 30 篇以内，发文量不高。此阶段为老年人生命质量相关研究领域的起步阶段，该阶段发文量不高可能与该段时间内研究方法局限、高质量相关文献不足等有关。2007—2013 年发文量为 30 ~ 60 篇，为该领域的稳定发展期。随着研究方法和内容的丰富，2014 年出现了近 20 年来的最大增长率，较 2013 年发文量增长率达到 60.78%，发文量达到了 82 篇。2014—2022 年发文量为 60 篇左右，发文趋势有略微波动，故 2014—2022 年为该领域的波动发展期。

8.4　作者合作网络

在期刊上发表论文的总数在一定程度上代表了作者在该领域的学术地位。作者合作网络清晰地反映了老年人生命质量研究的核心作者群体及其合作关系。本章运用 CiteSpace 软件对数据进行可视化分析，运行结果如图 8-2 所示，其中，名字的大小代表作者发表论文的数量，节点间的连线表示不同作者间的合作关系，连线的粗细代表合作紧密程度。通过分析老年人生命质量研究领域的作者发文数量和作者间的联系可以发现高产作者（表 8-1）及高影响力作者。

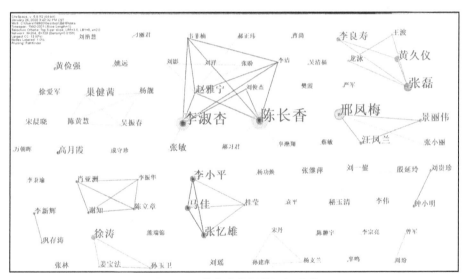

图 8-2　作者合作网络知识图谱

表 8-1　高产作者前十名

名次	作者	时间	发文量/篇	连接度
1	陈长香	2012 年	23	17
2	邢凤梅	2014 年	17	21
3	李淑杏	2012 年	16	13
4	张磊	2002 年	12	24
5	赵雅宁	2012 年	11	15

续上表

名次	作者	时间	发文量/篇	连接度
6	李伟	2007 年	9	20
7	张忆雄	2012 年	9	10
8	李小平	2013 年	8	10
9	汪凤兰	2014 年	8	12
10	徐涛	2003 年	7	11

从图 8-2 可以看出，共有 204 个节点和 329 条连线，整体网络密度为 0.0159，说明老年人生命质量研究领域的作者间合作网络较弱。作者主要的合作群体有 7 个。合作群体 1 由陈长香、赵雅宁、李淑杏、张敏、刘洋等人组成，陈长香、赵雅宁、李淑杏均是高产作者；合作群体 2 由邢凤梅、汪凤兰、张小丽、张超、景丽伟等人组成，其中邢凤梅、汪凤兰是高产作者；合作群体 3 由巢健茜、吴振春等人组成；合作群体 4 至合作群体 7 均由 4 人组成，彼此间合作较强。各团队之间缺乏合作，多为团队内部合作。

尽管研究群体较为庞大，但高产作者较少。从作者的发文量上看，单个作者的发文量并不大，排名前三的为陈长香、邢凤梅、李淑杏，而发文量在 10 篇及以上的作者仅有 5 位；从研究作者的合作度上看，主要作者中多位合作度较高。结合图 8-2，可以认为，在相关领域内并未形成严密成熟的合作网络。总体来说，高产作者与合作密度和力度有着明显的联系，主要的合作网络较为密集。

8.5　研究机构网络

研究机构合作网络图谱诠释了该领域研究力量的空间分布。为了发现推动老年人生命质量研究发展的机构，本章用 CiteSpace 软件工具中的合作网络分析功能，挖掘老年人生命质量研究领域的研究机构的网络关系，该网络关系能直观地反映机构间的合作情况，能为科学评价机构在学术范围内的影响力提供参考。研究机构网络关系如图 8-3 所示，其中，节点大小表示该研究机构发表期刊论文的数量，节点间的连线表示不同机构间的合作。

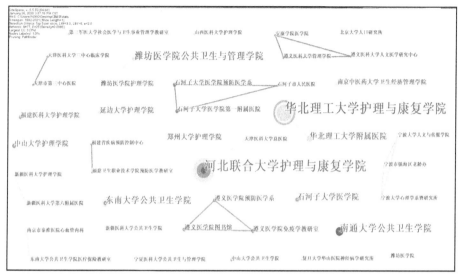

图 8 - 3　机构合作网络知识图谱

从图 8 - 3 可以看出，研究样本中共包含 77 个节点，连线有 25 条，网络密度为 0.0085，说明研究老年人生命质量的机构较多，但研究机构间的合作强度比较弱，即研究老年人生命质量的机构比较分散，且未形成较强且广泛的合作网络关系。已形成的比较明显的机构合作网络有 2 个：网络 1 由华北理工大学护理与康复学院和华北理工大学附属医院、首都医科大学宣武医院等机构组成，这是发文量最高、合作密度最大的合作网络；网络 2 由遵义医学院、遵义医学院图书馆、遵义医学院预防医学系、遵义医学院免疫学教研室等机构组成。其余高产机构的合作网络并不显著或数量不足。为了深层次分析研究机构的成果及合作关系，对图 8 - 3 做进一步的数据挖掘，得到发文量排名前十的研究机构，见表 8 - 2。从图 8 - 3 和表 8 - 2 可以看出，研究成果排名前三的机构合作网络关系并不显著。从单位的合作度来看，遵义医学院的合作密度较高，排名前列的分别为遵义医学院图书馆、遵义医学院免疫学教研室、遵义医学院预防医学系。这表明目前国内学者关于老年人生命质量的研究多是以独立机构进行，机构间仍有较大合作空间，有待跨学科、跨区域建立更为深入的研究机构合作关系。

表8-2　高产机构前十名

名次	机构	时间	发文量/篇	合作度
1	河北联合大学护理与康复学院	2012 年	20	2
2	华北理工大学护理与康复学院	2015 年	20	2
3	潍坊医学院公共卫生与管理学院	2016 年	9	1
4	东南大学公共卫生学院	2010 年	8	1
5	南通大学公共卫生学院	2008 年	8	1
6	中山大学护理学院	2005 年	7	0
7	石河子大学医学院预防医学系	2014 年	6	2
8	安徽医科大学卫生管理学院	2016 年	6	2
9	潍坊医学院护理学院	2019 年	5	1
10	遵义医学院	2016 年	5	4

为更好地促进老年人生命质量相关研究，要加强研究机构的合作意识，充分利用各方智慧，破除学术壁垒，鼓励非医学院校参与研究，并进行跨区域合作，使科学界共同关注老年人生命质量。

8.6　关键词共现

对高频关键词进行研究，可以解释一段时间内某领域研究的热点。本章的文献关键词共462个，形成613条连线。文献的热点关键词共现图谱如图8-4所示。图8-4中，文字大小代表关键词出现的频次，节点间的连线表示不同时间内建立的联系，连线的粗细表示关键词共现的强度。可以看出，生活质量是最大的节点，老年人和生命质量次之。从软件中统计出的时间跨度上来看，老年人、消渴/中医药疗法、生活质量、幸福度、正性情感出现时间较早，而最近则出现了固定效应模型、疾病感知、heckman两步法模型、延续护理、应对方法等关键词，预计这些将成为老年人生命质量未来研究的新方向。

关键词的中心性是判断该领域研究的热点的重要指标，也是判断学者们关注焦点的重要依据。从代表节点促进作用的中心性指标来看（表8-3），老年人生活质量、老年人群和糖尿病与其他热点关键词之间的通信较强，可见相关研究利用这些关键词展开；同时可以看到上海市、疾病感知等关键词的频次虽然不高，但其中介中心性较高，说明其经常处于和其他关键词通信的路径中，对文献之间的互引关系产生积极作用。

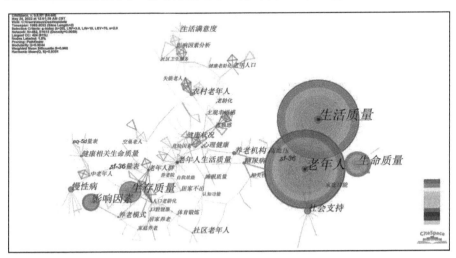

图8-4　关键词共现图谱

表8-3　关键词中心性前十（按中心性排序）

名次	关键词	频次	中心性
1	老年人生活质量	27	0.92
2	老年人群	14	0.85
3	糖尿病	19	0.76
4	老年人	463	0.74
5	上海市	1	0.66
6	疾病感知	1	0.65
7	心理健康	16	0.37
8	生活质量	464	0.32
9	WHO-5 量表	2	0.3
10	主观幸福感	11	0.29

8.7　关键词聚类

研究热点是特定学术领域的学者关注的焦点，也是该领域在某一时期主要探讨问题的体现。关键词作为学术论文的重要组成部分，凝练着论文的精髓，经常被用来研究探讨某领域的热点问题。基于此，本章采用 CiteSpace 软件进行关键词共现的聚类分析，以直观反映老年人生命质量的研究热点，其呈现的关键词聚类视图如图 8–5 所示，色块代表聚类的区域。节点有 462 个，连线有 613 条，网络密度为 0.0058。模块值 Q 的大小与节点的疏密情况相关，Q 值越大说明聚类效果越好，可以用来进行科学的聚类分析。平均轮廓值 S 的大小可以用来衡量聚类的同质性，S 值越大说明网络的同质性越高，表示该聚类是具有高可信度的。从图 8–5 可以看出，$Q = 0.892$，说明该网络结构聚类效果好；$S = 0.9793$，说明该网络的同质性较高，不同聚类划分较好。表 8–4 展现出十大聚类，以生存质量、老年人和生活质量为首。前五大聚类的平均出现时间为 2008 年左右，说明相关研究在此时期成熟。其中，最大的聚类为生存质量，出现时间为 2008 年，共包含 49 个关键词，主要的关键词有生存质量、人口老龄化、生活质量、老年人群、社会资本等。对关键词进行整理，可知老年人生命质量相关研究目前主要集中在 3 个方向：①不同干预手段对老年人生命质量的影响。其中，综合护理和延续性护理是常用护理手段，健康教育和社区护理也是常见的护理方式。②对老年人生命质量本身的研究。除老年人主群体外，研究还包括不同病种（如高血压、糖尿病等）、不同居住地（如农村老年人、社区老年人）和不同养老模式（如养老机构、居家养老）等亚群体，试图提出差异化解决方案，以适应不同病种或人群特征，切实提高各亚群体老年人的生命质量。③生命质量测评量表的研制及其在老年人群中的信效度验证。

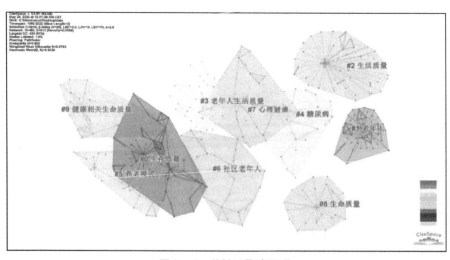

图 8–5　关键词聚类图谱

表 8 - 4　聚类的主要关键词

名次	聚类名	主要关键词	平均时间	关键词数量
1	生存质量	生存质量（73.04，10^{-4}）；人口老龄化（27.5，10^{-4}）；生活质量（26.22，10^{-4}）；老年人群（20.52，10^{-4}）；社会资本（13.71，0.001）	2008 年	49
2	老年人	老年人（48.93，10^{-4}）；家庭功能（17.47，10^{-4}）；生存质量（13.85，0.001）；生命质量（11.79，0.001）；社会支持（10.08，0.005）	2007 年	48
3	生活质量	生活质量（96.61，10^{-4}）；生命质量（35.74，10^{-4}）；生存质量（25.16，10^{-4}）；空巢老年人（12.93，0.001）；高龄老年人（9.69，0.005）	2006 年	45
4	老年人生活质量	老年人生活质量（42.66，10^{-4}）；健康状况（34.53，10^{-4}）；危险因素（13.22，0.001）；婚姻状况（10.43，0.005）；城乡（6.57，0.05）	2009 年	32
5	糖尿病	糖尿病（33.63，10^{-4}）；相关性（16.65，10^{-4}）；高血压（15.03，0.001）；sf-36（14，0.001）；健康相关生活质量（12.94，0.001）	2012 年	25
6	养老模式	养老模式（40.37，10^{-4}）；影响因素（40.04，10^{-4}）；卫生服务需求（16.07，10^{-4}）；sf-12（16.07，10^{-4}）；老年人健康（12.32，0.001）	2007 年	25
7	社区老年人	社区老年人（25.41，10^{-4}）；认知功能（19.18，10^{-4}）；居家不出（14.85，0.001）；自我效能干预（12.76，0.001）；社会隔离（12.76，0.001）	2014 年	24

续上表

名次	聚类名	主要关键词	平均时间	关键词数量
8	心理健康	心理健康（30.81，10^{-4}）；养老机构（25.07，10^{-4}）；生理健康（15.3，10^{-4}）；主观幸福感（13.33，0.001）；孤独感（13.15，0.001）	2013 年	23
9	生命质量	生命质量（121.8，10^{-4}）；生活质量（37.46，10^{-4}）；维吾尔族（10.83，0.001）；生存质量（7.84，0.01）；社会因素（5.56，0.05）	2010 年	22
10	健康相关生命质量	健康相关生命质量（47.2，10^{-4}）；中老年人（30.11，10^{-4}）；eq-5d 量表（28.3，10^{-4}）；sf-36 量表（14.57，0.001）；心理测量学研究（14.09，0.001）	2012 年	22

8.8　时区图

为了从时间维度了解老年人生命质量研究的发展演进过程，本章采用 CiteSpace 工具中的时区图对其进行分析。时区图能依据时间先后将文献的更新及文献间的相互关系清晰地展示在以时间为横轴的二维坐标中，如图 8 - 6 所示。在时区图中，节点大小表示该关键词出现的频次；节点所处的年份表示该关键词首次出现的时间；节点间的连线表示不同关键词同时出现在一篇文章中，预示着不同时段间的传承关系；不同年份出现的文献数量代表该时间发表的成果，也说明该领域所处的时期或阶段。由图 8 - 6 中可知，最大的节点为 1993 年提出的生活质量，早期的研究中的高频关键词有老年人、家庭养老、生存质量、生命质量等。研究的相关概念跨度大、影响范围广，高频词集中在 1992—2003 年，说明此时期的研究热度较高，奠定了相关研究的基础。相关研究持续到现在，后续的研究逐渐提出不一样的概念。最近提出基本医疗保险、机构养老者、生命意义感等新关键词，说明研究更加深入细致。

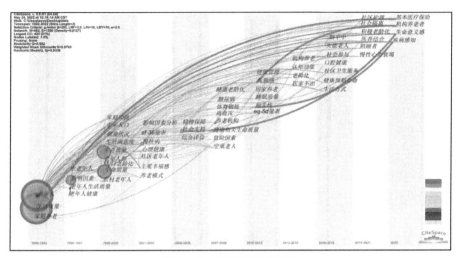

图 8 - 6　关键词时区图谱

8.9　关键词突现

为了更深入地了解老年人生命质量的演化发展趋势，本章得到老年人生命质量研究领域的突现词，结果见表 8 - 5，包括突现开始年份、持续时长、突现强度。在此基础上，本章从突现强度、持续时间和突现时间三个角度对老年人生命质量研究发展趋势进行展望。

表 8 - 5 展示的是近 30 年来老年人生命质量研究领域的突现词。表 8 - 5 中的起始年为对应关键词频次开始激增的年份，结束年则是关键词不再突现的时间，突现强度代表该关键词在突现的时间内频次突然增加的程度，线条的突出部分则对应该突现词的持续时间。表 8 - 5 共有 41 个突现词。

从时间序列来看，老年人生活质量、老年人健康、生活满意度的开始时间最早；社区护理、社会隔离、照顾者的开始时间最晚且一直持续到现在。从突现持续时间来看，老年人群、生活满意度和老年人健康等的突现时间较长，说明它们在相当长的一段时间内是相关研究的热点。根据突现词的突现强度可以发现，老年人生活质量（突现强度为 9.41）、养老机构（突现强度为 6.09）、养老模式（突现强度为 5.37）的突现强度非常高，说明其出现频次大幅变动的情况。综合来说，养老机构、健康相关生命质量和口腔健康不仅突现强度高，而且距离时间近，可以认为其是最新涌现的研究热点。总体来看，随着时间的推移、社会的进步及外部环境的变化，老年人生命质量的研究内容和研究热点也在不断发生变化，这也从另一个角

表 8 - 5　关键词突现情况

关键词	突现强度	起始年	结束年	1992—2022 年关键词突现示意
老年人生活质量	9.14	1995	2003	
养老机构	6.09	2016	2022	
养老模式	5.37	2013	2018	
生活满意度	5.17	1998	2009	
影响因素	5	2007	2012	
sf-36	4.85	2001	2009	
老年人群	4.79	1998	2012	
老年人	4.37	2004	2006	
老年人口	3.71	1998	2009	
农村老年人	3.61	2013	2018	
家庭功能	3.31	2010	2018	
健康相关生命质量	3.15	2016	2022	
口腔健康	3.13	2016	2022	
失能老人	3.01	2016	2021	
sf-36 量表	2.9	2007	2015	

续上表

关键词	突现强度	起始年	结束年	1992—2022 年关键词突现示意
自我效能	2.68	2013	2018	
健康状况	2.66	2010	2015	
睡眠质量	2.63	2016	2022	
慢性病	2.57	2019	2022	
社会支持	2.49	2013	2018	
糖尿病	2.47	2013	2018	
老龄化	2.41	2013	2021	
社区卫生服务	2.31	2016	2021	
脑卒中	2.26	2016	2021	
居家不出	2.18	2013	2022	
认知功能	2.16	2019	2022	
生活方式	2.14	2016	2021	
老年人健康	2.09	1995	2006	
中老年人	2.09	2007	2012	
积极老龄化	2.03	2019	2022	

续上表

关键词	突现强度	起始年	结束年	1992—2022 年关键词突现示意
医养结合	2.03	2019	2022	
照顾者	2.03	2019	2022	
相关性	1.96	2010	2012	
影响因素分析	1.92	2013	2021	
体育运动	1.91	2004	2006	
人口学	1.85	1998	2003	
综合评价	1.79	2004	2012	
社会隔离	1.77	2019	2022	
社区护理	1.77	2019	2022	
高血压	1.77	2007	2012	
跌倒效能	1.74	2016	2018	

度说明了老年人生命质量是一个具有研究价值的话题。

综观老年人生命质量研究领域的发展，可知该领域呈现以下发展趋势：①研究对象越来越细化，慢性病老人、农村老人、社区老人和空巢老人日益受到关注，但对失独老人、失能老人和失智老人的研究目前相对较少；②既注重老年人的生理健康，又注重其心理健康，尤其是焦虑和抑郁问题，同时关注社会支持的作用；③护理措施与方法越来越全面和专业化，综合护理、循证护理、延续性护理和个性化护理等多种护理方式出现，并以此为依据促进老年人生命质量的提升。

8.10 随附性及结论

老年人生命质量的定量研究长期以来过度依靠个体样本的调查数据，在视野、方法和理论关照等方面形成了微观旨趣，削弱了其研究对于心理学和社会学学科发展以及社会治理的贡献能力。若我们引入随附性（supervenience）这一概念，则会发现老年人质量研究的整体主义的优势不在于本体论，而在于方法论。

本章认为，围绕生活质量这一焦点领域，老年人质量研究主题现已呈现两种较为明显的随附性演变路径：主观－客观随附、微观－宏观随附。

（1）微观－宏观随附性。如果个体属性必然体现了社会属性，那么我们就说社会层次属性"随附"在一系列个体层次属性之上。个体属性相同的群体，其社会属性必然一致。但反过来未必如此，因为相同的社会属性可通过不同的方式来生成。当"随附"使社会群体具有了非简单加总的个体属性，我们就可以回避本体论特别是因果主体争论，而是采用"方法论整体主义"的视野。我们把这种随附性叫作微观－宏观随附性。

比如，在关注影响老年人生活质量的微观层面职业性因素时，对某一职业类型的老年人生活质量的调查较多，如对离退休老年人的生活质量研究、对高校离退休老年人家庭特征与幸福度的相关性研究、对老年军人生活质量状况的调查等。然后就是对某一地区老年人生活质量的宏观层面的群体性研究，比如，对广东城乡老年人、包头市牧区老年人、长三角农村老年人、天津市老年人、苏州市老年人生活质量的调查与评估，以及对北京市城乡老年人生活状况和生活满意度的比较，济南市部分区县老年人生活质量与生活满意度的研究，等等。

全国性的老年人生活质量研究虽然开始相对较晚，但更偏向于微观和宏观相融合的视角，认为老年人生活质量属性随附于市场、政府及社会变迁等社会属性，并将这种随附结构嵌入社会转型的宏大背景下加以考量，在某种程度上弥补了上述不足。比如，结合个体纵向比较与群体横向比较两种方式，考察研究中国老年人口的生活满意度。研究者们不但积极探索老年人生活质量的影响因素及其相互关系，而且努力寻求提高老年人生活质量的有效对策。

（2）主观–客观随附。关于老年人生活质量的研究，研究者们普遍认为主要包括客观指标和主观感受两个方面。客观指标通常指老年人的物质生活条件和身心健康状况，主要包括经济收入、职业、家庭环境、社会保障、身体疾病、认知功能等。早期的研究关注客观指标，但客观指标不能充分揭示老年人的生活满意度，其局限性在研究中也早已被研究者所认知。后来的研究中，主观层面的关注度越来越高。主观感受强调的是老年人对生活质量的总体评价，如生活满意度、主观幸福感、归属感、安全感等。研究发现，在与子女、配偶的沟通交流和与社会上的一些老龄朋友间的交往上，老年人的心理需求越来越强烈。

客观指标和主观感受是衡量老年人生活质量的两个部分，二者关系如何？

我们在这里引入主观–客观随附性。我们认为，基于客观实在和主观感受的这种随附结构其实是心身随附性的一种情况。致力于该领域研究的学者们不仅要考虑到老年人面临的不同政治、经济、社会、文化等客观环境，更需要重视处于上述客观环境下的老年人所形成的主观感受。以主客观随附关系的思路来思考老年人的发展质量问题已是大势所趋。

当代中国老年人生命质量研究的宏观转向，是通过随附性的概念建构从"微观旨趣"主导走向"宏观观照"的过程，是中国国内研究的自我革新精神与不懈理论追求在新时代的回响，是对习近平总书记关于社会科学量化范式重要性论述的贯彻与响应："对现代社会科学积累的有益知识体系，运用的模型推演、数量分析等有效手段，我们也可以用，而且应该好好用。"

参考文献

[1]陈可冀，张亚群，洪国栋，等.积极应对我国老龄问题的建议［J］.中国老年学杂志，2012，32（9）：1777–1784.

[2]陈薇，周琼.关于老年人生活质量研究的综述［J］.兰州学刊，2018（1）：81–85.

［3］陈悦，陈超美，刘则渊，等.CiteSpace 知识图谱的方法论功能［J］.科学学研究，2015，33（2）：242－53.

［4］戴萌娜，张建华，井淇，等.基于文献计量学的中国老年人生活质量现状及发展趋势［J］.中国老年学杂志，2019，39（10）：2523－2525.

［5］关念红，张晋碚，唐济湘.部分高校离退休老人家庭特征与幸福度的相关性［J］.中山医科大学学报，1999（3）：211－213.

［6］靳小怡，李树茁.中国社会转型期老年人生活状况研究［J］.西安交通大学学报（社会科学版），2001，21（2）：61－65.

［7］李建新，骆为祥.社会、个体比较中的老年人口生活满意度研究［J］.中国人口科学，2007（4）：65－73.

［8］沈兵明，应凤其，王冠华.如何提高老年人生活质量：从杭州市老年人需求状况抽样调查说起［J］.人口研究，1998，22（6）：50－52.

［9］施英丽.心理护理及健康教育对老年肺癌患者生存质量的影响［J］.中国卫生标准管理，2016，7（3）：193－195.

［10］王海棠，寿涓，任利民，等.SF-12 量表评价上海市社区老年人生命质量的信效度研究［J］.中国全科医学，2019，22（9）：1057－1061.

［11］张继萍，秘玉清，刘一鋬，等.山东省 4 地市社区老年人生命质量及影响因素［J］.中国老年学杂志，2019，39（8）：1983－1987.

［12］张建凤，李志菊，王惠明，等.社区护理干预对合肥市空巢老人生活质量的影响［J］.中华护理杂志，2011，46（6）：548－551.

［13］张磊，邵晨，黄久仪.影响老年军人生活质量的相关因素研究［J］.疾病控制杂志，2004，8（1）：46－48.

［14］张丽艳，宋明学.离退休老年人的生活质量研究［J］.中国健康教育，1998，14（9）：25－27.

第9章 老年人幸福感

9.1 引言

根据《中国发展报告 2020：中国人口老龄化的发展趋势和政策》，"十四五"期间我国老年人口数量将突破 3 亿，将从轻度老龄化迈入中度老龄化。到 21 世纪中叶，中国人口老龄化将达到最高峰，65 岁及以上老年人口占比将接近 30%，正式进入龄社会已开始倒计时。主观幸福感（subjective well-being，SWB），是指评价者根据自定的标准对本人生活质量进行整体性评估而产生的体验。研究老年人的主观幸福感有助于探索维持老年人心理健康的方法和途径，有助于社会关注和改善老年人群的生活质量，有利于家庭的和睦，健康及我国经济社会的和谐、稳定与快速发展。本章基于 CiteSpace 软件对有关老年人主观幸福感的文献进行可视化分析，以期为国内研究者提供新的研究思路。

9.2 研究方法与数据来源

本章采用 CiteSpace 的知识图谱可视化分析的方法进行研究。为确保分析结果的可信性和准确性，仅对中国知网数据库中的核心期刊进行主题词为"老年人幸福感"的检索。最终检索到 675 篇文献，所得文献数据中包含篇名、作者、机构等信息。检索时间为 2022 年 5 月 3 日。

9.3 发文量趋势

文献发文量的变化能够反映一个领域的发展状况及未来的研究趋势。图 9-1 显示了老年人幸福感这一研究领域的发文情况。1993—2022 年收录在 WoS 数据库核心期刊的相关文献有 675 篇，总体上呈现出一个稳定增长的趋势。1993—2001 年发文数量不高，为相关研究领域的起步阶段，这可能与该段时间内研究方法局限、高质量相关文献不足等有关。随着研究方法和内容的丰富，发文量在 2002 年开始出现较大幅度增长，且在 2009 年后快速增长；此时期发文量持续增长，为该领域的快速发展期。截至检索日期，2022 年发文量已有 23 篇，可见研究热度较高，发文量预计将进一步增长。

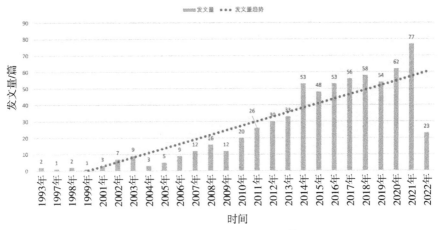

图9-1　文献年度发文量趋势

9.4　作者合作网络

在期刊上发表论文的总数在一定程度上代表了作者在该领域的学术地位。作者合作网络清晰地反映了老年人幸福感研究的核心作者群体及其合作关系。本章运用 CiteSpace 软件对数据进行可视化分析，运行结果如图9-2所示，其中，名字的大小代表作者发表论文的数量，节点间的连线表示不同作者间的合作关系，连线的粗细代表合作紧密程度。通过分析老年人幸福感研究领域的作者发文数量和作者间的联系可以发现高产作者（表9-1）及高影响力作者。

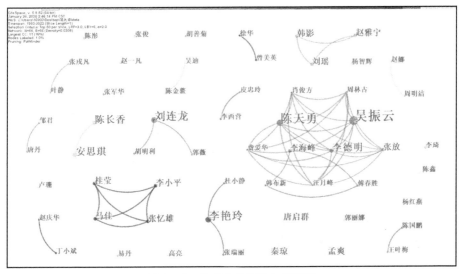

图9-2　作者合作网络知识图谱

从图9-2可以看出，共有66个节点和66条连线，整体网络密度为0.0308。时间序列上最近的是刘瑶和赵雅宁等、唐启群和孟爽等组成的合作网络。从研究作者的发文量上看，排名前三的为陈天勇、吴振云、刘连龙（表9-1），发文量在4篇及以上的作者有23位；从研究作者的合作度上看，主要作者的合作度均较高，可以认为在相关领域内局部形成了较为严密的合作网络。

表9-1 高产作者前十名

名次	作者	时间	发文量/篇	连接度
1	陈天勇	2006 年	7	12
2	吴振云	2003 年	7	9
3	刘连龙	2013 年	7	4
4	李德明	2006 年	5	7
5	李小平	2013 年	5	6
6	张镇	2012 年	5	4
7	李艳玲	2012 年	5	8
8	张忆雄	2013 年	5	6
9	张建新	2012 年	4	4
10	唐莉	2018 年	4	3

9.5 研究机构网络

研究机构合作网络图谱诠释了该领域研究力量的空间分布。为了发现推动老年人幸福感研究发展的机构，本章用 CiteSpace 软件工具中的合作网络分析功能，挖掘老年人幸福感研究领域的研究机构的网络关系，该网络关系能直观地反映机构间的合作情况，能为科学评价机构在学术范围内影响力提供参考。运用 CiteSpace 软件对数据进行可视化分析，在该软件的 Time Slicing 设定为"1993—2022"，Years Per Slice 设为"1"，Node Types 面板选择"Institution"，其他选项为系统默认选项，输入数据运行后可得到老年人幸福感研究机构分布网络图谱，如图9-3所示，其中，节点大小表示该研究机构发表期刊论文的数量，节点间的连线表示不同机构间的合作强度。

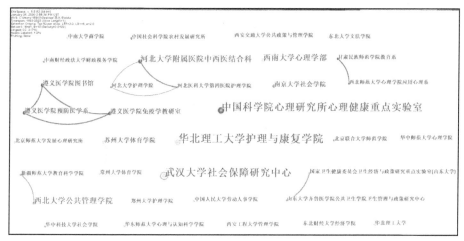

图9-3 机构合作网络知识图谱

从图9-3可以看出，研究样本中共包含41个节点，连线有10条，网络密度为0.0122，说明研究老年人幸福感的机构较多，但研究机构间的合作强度比较弱，即研究老年人幸福感的机构比较分散，未形成较强且广泛的合作网络关系。图9-3中最为显著的发文机构为华北理工大学护理与康复学院、中国科学院心理研究所心理健康重点实验室等机构。为了深层次分析研究机构的成果及合作关系，对图9-3做进一步的数据挖掘，得到发文量排名前十的研究机构，见表9-2。发文量最多的是华北理工大学护理与康复学院、中国科学院心理研究所心理健康重点实验室。由图9-3和表9-2可知，研究成果排名前三的机构合作网络关系并不显著，说明研究单位即使是高产机构，也不必然与其他研究机构有密切的合作关系。从单位的合作度来看，主要机构的合作度均较低，表明目前国内学者对老年人幸福感的研究多是以机构为单位独立进行的，机构间仍有较大合作空间，有待跨学科、跨区域建立更为深入的研究机构合作关系。

表9-2 高产机构前十名

名次	机构	时间	发文量/篇	合作度
1	华北理工大学护理与康复学院	2018年	11	1
2	中国科学院心理研究所心理健康重点实验室	2006年	11	3
3	北京师范大学发展心理研究所	2002年	9	1
4	武汉大学社会保障研究中心	2017年	9	1
5	西北大学公共管理学院	2014年	8	2

续上表

名次	机构	时间	发文量/篇	合作度
6	西南大学心理学部	2015 年	6	2
7	中国人民大学社会与人口学院	2007 年	6	1
8	中国人民大学人口与发展研究中心	2011 年	5	4
9	华中师范大学心理学院	2007 年	5	2
10	西安交通大学公共政策与管理学院	2017 年	5	0

9.6 关键词共现

对高频关键词的研究可以解释一段时间内某领域研究的热点。本章研究文献的关键词，发现有 89 个高频关键词，形成 89 条连线。文献的热点关键词共现图谱如图 9-4 所示。图 9-4 中文字大小代表关键词出现的频次，节点间的连线表示不同时间内建立的联系，连线的粗细表示关键词共现的强度。可以看出主观幸福感是最大的节点，老年人和幸福感次之。从软件中统计出的时间跨度上来看，主观幸福感、幸福度、抑郁症状、中老年人、孤独感出现时间较早；而最近则出现了互联网使用、再社会化、社会养老保险、心理韧性等关键词，这可能成为未来老年人幸福感研究的新方向。

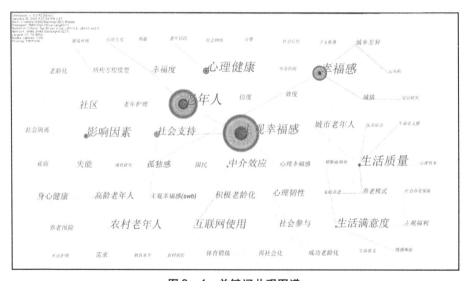

图 9-4　关键词共现图谱

关键词出现的中心性是判断该领域研究热点的重要指标，也是判断学者们关注焦点的重要依据。从代表节点促进作用的中心性指标来看（表9－3），老年人、幸福感和农村老年人与其他热点关键词之间的通信较强，可见相关研究利用这些关键词展开，说明其经常处于和其他关键词通信的路径中，对文献之间的互引关系产生积极作用。

表9－3 关键词中心性前十（按中心性排序）

名次	关键词	频次	中心性
1	老年人	202	0.86
2	幸福感	117	0.6
3	农村老年人	24	0.45
4	主观幸福感	230	0.41
5	城市老年人	11	0.37
6	影响因素	57	0.3
7	生活满意度	34	0.29
8	生活质量	38	0.28
9	心理健康	64	0.27
10	幸福度	18	0.27

9.7 时区图

为了从时间维度了解老年人幸福感研究的发展演进过程，本章采用CiteSpace工具中的时区图对其进行分析。时区图能依据时间先后将文献的更新及文献间的相互关系清晰地展示在以时间为横轴的二维坐标中，如图9－5所示。在时区图中，节点大小表示该关键词出现的频次，节点所处的年份表示该关键词首次出现的时间，节点间的连线表示不同关键词同时出现在一篇文章中，预示着不同时段间的传承关系；不同年份出现的文献数量代表该时间发表的成果，也说明该领域所处的时期或阶段。由图9－5可知，相关文献最大的节点为1993年提出的主观幸福感，早期的研究中高频关键词有中老年人、抑郁症状、城市老年人等，奠定了一些研究的基础概念。研究的相关概念跨度长，影响范围大，相关研究持续到现在，后续的研究逐渐提出不一样的概念。最近则是提出积极老龄化、再社会化等新关键词。

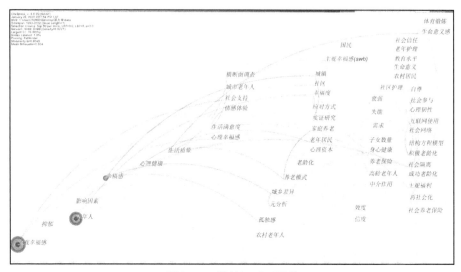

图9-5 关键词时区图谱

9.8 时间线

前沿主题分析以共引聚类和引文为基础，描述某类研究领域的过渡情况及研究本质。时间线图谱将文献关键词聚类展现在二维时间轴上，方便研究者探寻某项聚类的演变过程和前沿趋势。由图9-6和表9-4可知，老年人幸福感相关文献最大的聚类是老年人，包含36个关键词，平均年份为2007年，其中包含的关键词有1993年左右提出的幸福度，随着时间的推进，关键词有卫生保健费用、主观幸福、主观经济状况等；其与主观幸福感、心理健康等聚类之间的连线丰富，说明其在一定程度上出现了多主题共现；该聚类中最为活跃的文献为胡海军（2007）的《收入与幸福指数：基于经济学角度的思考》。

9.9 关键词突现

表9-5展示的是近30年来老年人幸福感这一研究领域的突现词。表9-5中的起始年为对应关键词频次开始激增的时间，结束年则是关键词不再突现的时间，突现强度代表该关键词在突现的时间内频次突然增加的程度；线条的突出部分则对应该突现词的持续时间。该表中共有37个突现词。

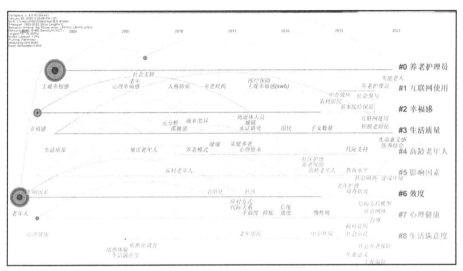

图 9-6 关键词时间线图谱

表 9-4 聚类的主要关键词

名次	聚类名	主要关键词	平均时间	关键词数量
1	老年人	老年人（44.02，10^{-4}）；幸福度（37.01，10^{-4}）；健康状况（9.13，0.005）；健身气功（6.85，0.01）；调查分析（6.85，0.01）	2007 年	36
2	农村老年人	农村老年人（28.12，10^{-4}）；养老保险（14.26，0.001）；老年人（10.23，0.005）；农村老人（9.73，0.005）；慢性病（7.09，0.01）	2013 年	31
3	主观幸福感	主观幸福感（87.52，10^{-4}）；幸福感（23.51，10^{-4}）；抑郁症状（7.19，0.01）；资源（7.19，0.01）；纳西族（7.19，0.01）	2009 年	30
4	心理健康	心理健康（32.62，10^{-4}）；居民幸福感（16.19，10^{-4}）；退休老人（10.77，0.005）；养老服务（10.77，0.005）；生理健康（7.09，0.01）	2012 年	27
5	幸福感	幸福感（47.29，10^{-4}）；社会支持（22.63，10^{-4}）；主观幸福感（13.61，0.001）；家庭功能（7.59，0.01）；幸福指数（6.62，0.05）	2009 年	26

表 9 - 5　关键词突现情况

关键词	突现强度	起始年	结束年	1993—2022 年关键词突现示意
幸福度	2.22	1993	2010	
城市老年人	1.59	1996	2013	
心理特点	1.95	2002	2010	
横断面调查	2.38	2005	2010	
生活满意度	2.19	2005	2010	
身体锻炼	1.92	2005	2007	
元分析	2.99	2008	2013	
城乡差异	1.99	2008	2013	
退休老人	1.81	2008	2010	
影响因素	1.55	2008	2013	
养老模式	3.34	2011	2016	
主观幸福感	2.67	2011	2016	
生活质量	2.26	2011	2016	
心理幸福感	2.19	2011	2013	
心理健康教育	2.12	2011	2013	

续上表

关键词	突现强度	起始年	结束年	1993—2022 年关键词突现示意
对策研究	1.67	2011	2016	
危机干预	1.67	2011	2016	
应对措施	1.47	2011	2016	
心理弹性	2.09	2014	2019	
心理资本	2.09	2014	2019	
健康状况	1.84	2014	2019	
养老保险	1.75	2014	2019	
孤独感	1.64	2014	2019	
居家养老	1.4	2014	2019	
社会关系	1.4	2014	2019	
养老机构	3.69	2017	2022	
中介效应	3.39	2017	2022	
高龄老年人	2.19	2017	2019	
子女数量	2.13	2017	2022	
老龄化	1.99	2017	2019	

续上表

关键词	突现强度	起始年	结束年	1993—2022 年关键词突现示意
农村居民	1.69	2017	2022	
社区护理	1.64	2017	2019	
美好生活	1.64	2017	2019	
养老服务	1.42	2017	2022	
积极老龄化	2.82	2020	2022	
基本医疗保险	1.88	2020	2022	
生命意义感	1.41	2020	2022	

从时间序列来看，幸福度、城市老年人、心理特点的开始时间最早。从突现持续时间来看，幸福度、城市老年人和心理特点等的突现时间较长，说明它们在相当长的一段时间内是相关研究的热点；从突现词的突现强度来看，养老机构（突现强度为 3.69）、中介效应（突现强度为 3.39）、养老模式（突现强度为 3.34）的突现强度非常高，说明它们的出现频次有大幅变动的情况。综合来说，养老机构、中介效应和积极老龄化等不仅突现强度高，而且距离时间近，可以认为它们是最新涌现的研究热点。

9.10 结论与展望

9.10.1 结论

本章采用文献计量工具 CiteSpace 构建知识图谱，研究了 1993—2022 年间有关中国老年人幸福感的研究发展历程、研究力量、研究前沿进展和研究主题。得出如下结论：①老年人幸福感已成为衡量老年人身心健康状况的重要指标，近 30 年来关于老年人幸福感实践和理论的研究热度不断增加，预计未来将继续保持增长态势。②在研究力量上，华北理工大学护理与康复学院、中国科学院心理研究所心理健康重点实验室、北京师范大学发展心理研究所、武汉大学社会保障研究中心等处于主导地位，引领了老年人幸福感理论体系的发展。高校是老年人幸福感在中国实践热潮的主要推动者，并促进了此项研究的国内与国际合作，为老年人幸福感的未来发展提供了交流和服务平台。③近 20 年来，老年人幸福感的发展经历了萌芽期、理论体系成熟期和全面发展这 3 个阶段。一方面，围绕老年人幸福感的核心领域支撑研究不断开展和完善，如影响因素、社会支持、心理健康；另一方面，随着医养结合模式的出现，养老服务、代际支持、中介效应等新兴议题开始被纳入老年人幸福感的研究，推动了对老年人幸福感的研究的进一步发展。此外，由于当前老年人幸福感相关理论尚未有效厘清躯体、心理和社会适应这 3 个层面的相互作用机制问题，因此如何实现老年人幸福感中的 3 个维度的有效权衡是未来的研究重点。④在研究主题上，老年人幸福感的理论研究主要基于其实施的核心步骤分别展开，在实践中不断发展和完善。当前，老年人幸福感研究的主流方法有调查研究法、文献研究法和数量研究法等。调查研究法为基于历史分析法、观察分析法的研究方法，工具包括调查问卷、访谈记录等。文献研究法为基于历史分析法、比较分析法的研究方法，工具包括检索工具、参考文献等。数量研究法方法为基于因果分析法、趋势分析法的研究方法，工具包括 SAS、CiteSpace 等。为了实现提高老年人幸福感指数的目标，需要对老年人的躯体、心理和社会间的相互作用进行分析，包括互相促进和互相制约。目前已经开发了各种工具来支持这一过程。影响因素自始至终都是老年人幸福感的核心主题。调查研究法是老年人幸福感研究过程的关键手段。⑤该领域研究学科高产作者群尚未形成，研究者、研究机构之间合作关系较为松散。⑥不同时期研究前沿依次是物质生活方面、医养结合下的养老需求和心理层面。下一步应加强多学科交流与研究；制定老年人幸福感评价指标体系；重点加强实证与案例研究；协调好躯体、心理、社会之间的关系，合力促进老年人幸福感。

9.10.2　CiteSpace 引入老年人幸福感研究的"库恩损失"

CiteSpace 软件的研发团队曾在《CiteSpace 知识图谱的方法论功能》一文中明确指出 CiteSpace 能够"对特定领域文献（集合）进行计量，以探寻出学科领域演化的关键路径及其知识拐点，并通过一系列可视化图谱的绘制来形成对学科演化潜在动力机制的分析和学科发展前沿的探测"。如此看来，研发者似乎为学界描绘了一幅美好的研究图景，只要研究者按照该软件提供的研究路径，就能够达到事半功倍的效果，从而提高学术研究的效率。

研发者的描述虽好，但是这些理论是否提供了方法论意义上的设计指导仍然值得进一步思考。比如，该软件强调其重要的理论基础之一是库恩在《科学革命的结构》一书中提出的科学发展模式理论。

廖金英就曾对此表示质疑，并提出了"库恩真的提供了科学演进预测的方法论指导吗"这一核心问题。在她看来，该问题的答案显然是否定的。理由有三：第一，库恩的范式理论是事后描述而不是动向预测；第二，库恩强调范式转换孕育于科学发展进程中的偶然而不是有明确指向的必然；第三，库恩的范式理论强调科学发现是阻力重重的历程而不是轻松愉悦的好奇之旅。因此，她认为，就逻辑而言，CiteSpace 的开发者误解了库恩的范式理论。

我们可以把上述三点叫作 CiteSpace 引入老年人幸福感研究的"库恩损失"。通过辨析 CiteSpace 依循的哲学理念、主诉功能，结合老年人幸福感研究引入 CiteSpace 初衷及应用现状批判，认为 CiteSpace 开发者许诺的愿景是出于对库恩理论的误解，CiteSpace 的核心技术不足以支撑此愿景，但老年人幸福感研究依然可借助 CiteSpace 的技术开辟新增成长点。

9.10.3 科学哲学视角下的"功能转换"和"波普尔补偿"

开发者的表述原文是："We assume that transitions between transient researchfronts are traceable in terms of citations and co-citations."（我们假设研究转换的瞬间可以通过引用和共引寻迹。）由于作为理论基础的库恩范式理论本身不具备"对科学理论发展过程预测"的功能，因此 CiteSpace 具备预测知识拐点功能的表述不成立，存在"库恩损失"。

库恩范式理论所属的学科为科学哲学，在科学哲学领域，与库恩理论具有继承和批判关系且具备"对科学理论发展过程预测"功能的有两个理论，分别为波普尔的证伪主义与拉卡托斯的科学研究纲领。

如果我们选择用波普尔或者拉卡托斯的理论作为 CiteSpace 的理论内核，这里发生的转换叫作哲学转换，这种转换需要对 CiteSpace 的设计语言进行革新。不改变其哲学理论的"库恩内核"，只是在主诉功能层面进行转换，增加"对科学理论发展过程预测"的功能，我们称之为"功能转换"。

库恩曾指出，"意外发现、反常和危机正是指向非常规科学的路标"，这是"静态结构"。在波普尔的证伪主义中，学科内部出现的"反常"具有"可证伪性"，是最有价值的未来理论预测标准，这是"动态结构"。

CiteSpace 在认识论层面使用了库恩的范式理论，但是在本体论层面却利用了波普尔的"三个世界"理论，这种认识论与本体论层面的不对称导致了其在方法论层面难以帮助实现"对学科演化潜在动力机制的分析和学科发展前沿的探测"。

但是，如果研究者以波普尔的证伪主义来指导研究，聚焦于老年人幸福感研究文献中的"反常"之处并持续关注、深入思考，增加"对科学理论发展过程预测"的功能，研究就可以做得更有价值。针对"库恩损失"，我们称这种价值为"波普尔补偿"。

美国学者马克·诺图洛这样评价波普尔的"三个世界"理论：这一理论是为他自己提出科学方法论做铺垫。因此，"三个世界"理论的生成建构也是为了说明证伪主义或批判理性主义具有方法论的科学意义。波普尔提出的"三个世界"理论是他的证伪主义科学方法论形成的关键，也是他的社会科学方法论的直接的理论前提。波普尔认为具有更大程度的可证伪性的理论是好的理论。

9.10.4　CiteSpace 引入老年人幸福感研究的新方法探讨

如何在技术层面进行调整？在认识论层面，波普尔认为理论覆盖范围越广就越可证伪，就更优越，因此与现有知识背景具有广泛连接的理论具备更好的可证伪度，是更有价值的理论。

基于此，陈超美在《结构变异对引文计数的预测效应》一文中似乎完成了认识论和方法论层面的"波普尔回归"。陈超美在文中指出，在方法论层面利用 CiteSpace 提供的结构性变异分析（structural variation analysis），此分析是基于"科学知识的发展是新发表科学文献所承载的一系列新的思想与现有知识结构之间相互作用的过程"构架，以及"若一种新思想连接了之前互不相干的知识板块，则它比那些囿于现有知识结构中较为成熟路径的思想更具变革潜质"判断，这种功能上的修正使我们找到可证伪度更高的理论。

从认识论角度出发，我们可以把这种设计理念的改变叫作正面启发法，它帮助我们找到更具潜力的理论，在软件的哲学理念、主诉功能和使用方法上完成了本体论、认识论和方法论的统一。这样，在基于 CiteSpace 的逻辑下解释 CiteSpace 发现了什么之后，我们还可以继续沿着这个"证伪主义"的认识论思路，扩大 CiteSpace 的方法论"功能区间"，探究作为症候的 CiteSpace 发现指向了什么症结。

这里的方法为：研究者应先提出研究问题，再根据问题提出理论假设，最后通过 CiteSpace 加以证实或证伪。比如，将前期的共引分析作为老年人幸福感的症候，反向推导老年人幸福感在选题取向、论据选择、文献分布、价值判断等不同层次及面向上的表现，在这一系列指标关联形成的研究兴奋区中深入挖掘真正有价值的老年幸福感研究中的可证伪度高的话题，这也是老年人幸福感研究的新增长点。

这些问题的提出可以来自专家的经验观察，但问题提出需要具有技术支持，此技术支持可以具备某种客观的真理性，奠定该问题可被学科共同讨论的科学前提，由此 CiteSpace 帮助完成了波普尔认识论中科学研究的第一步——发现问题。

比如，我们发现在论据选择这个层面，老年幸福感的研究存在"取样局限于某个地区或工作领域""多数研究没有考虑特殊老年群体（孤寡老人、临终老人等）""没有考虑数字化时代对于老年人幸福感提升的影响"这 3 个可证伪度较高的领域。那么，我们就可以提出问题："取样局限于某个地区或工作领域的论文结论可能会被关于某一特殊地区研究的论文所证伪""特殊老年群体（孤寡老人、临终老人等）的观察证据结论可能会证伪现有某些结论""旧有理论可能会被数字化时代的新观察证据所证伪"。

另外，在图谱解读环节，错误解读、过度解读、遗漏解读的现象也是CiteSpace 使用上可证伪的空间。陈超美在论文《CiteSpace Ⅱ：科学文献中新趋势与新动态的识别与可视化》中指出，研究者应当对图谱中出现的关键节点进行证伪。在他看来，可以通过两种方式进行证伪：第一，将关键点文章的作者视为该领域的专家，向其发放调查问卷；第二，对关键点文章中被引和共被引的段落进行内容分析。以上两种方式的目的在于证实这些关键点确实是知识转化、焦点转移，或知识领域图景改变过程中的关键点。可以说，陈超美为 CiteSpace 引入老年人幸福感研究做出了一个良好的示范，即"在完成老年人幸福感研究的 CiteSpace 技术分析之后，下一步的操作应该是寻找可证伪空间"。反观现实，CiteSpace 引入幸福感领域的研究者们几乎没有人这样做，至少在其公开发表的论文中未能体现关键节点的同行验证。

在使用任何研究工具时，研究者都应该具有"证伪精神"。市面上所有的研究工具都是在帮助研究者判断，不能代替研究者判断，因此最好的研究工具始终是研究者自己。

参考文献

［1］波普尔. 科学发现的逻辑［M］. 北京：科学出版社，1986.

［2］库恩. 科学革命的结构：第 4 版［M］. 金吾伦，胡新和，译. 2 版. 北京：北京大学出版社，2012.

［3］廖金英. 愿景与悖论：传播学 CiteSpace 可视化工具引入现状批判［J］. 国际新闻界，2018，40（7）：145 - 155.

［4］文涛. 中国的外国教育研究二十年：基于《外国教育研究》的文献计量学分析［J］. 外国教育研究，2019，46（2）：39 - 54.

第 10 章　健康老龄化

10.1　引言

"健康老龄化"是 20 世纪 80 年代后期，在世界人口老龄化发展背景下产生的一个新概念。世界卫生组织在 1990 年提出健康老龄化，以解决人口老龄化的问题。其核心理念为注重老年人生理和心理健康，维持良好的社会秩序来帮助老年人融入社会群体。其后又为健康老龄化提出了一个完整的定义，即维护和发展老年健康生活所需要的功能和功能发挥的过程。健康老龄化的相关研究最早起源于国外，国外学者们从不同视角对健康老龄化相关内容进行阐述。Intille 提出，随着老龄人口比例的上升，需要护理的老年人比例增加，导致发达国家的医疗保健系统面临着严重的财政压力。通过研发新兴的消费电子设备，在决策和行为点提供及时信息来激发人们的健康行为，可以促进生命各个阶段的健康。Marcos-Pardo 以实现健康老龄化为目的，提出健康年龄多领域干预方案，该方案包括改善老年人的整体健康（生理、心理、情感和社会层面）及加强有氧耐力、平衡等训练的建议。相较于国外，国内对健康老龄化的研究起步较晚。自 1999 年底我国步入老龄化社会后，人口老龄化的进程持续加快，健康老龄化研究的领域和方法也产生了巨大变化，受学者的关注日益增多。已有学者根据学术经验从不同的研究视角总结和展望了国内人口老龄化的研究进展，如中国健康老龄化与公共体育服务、健康老龄化与社会医疗保险、健康老龄化对技术进步的影响等。目前国内学者对健康老龄化研究已经应用于社会学、经济学、管理学、政治学、心理学、医疗护理医护等学科领域。

国内外学者开展了许多关于健康老龄化的研究，研究成果丰富。鉴于此，本章从可视化的角度对健康老龄化进行计量研究。基于科学知识图谱视角，利用可视化的知识图谱软件 CiteSpace，对国内外 1995—2022 年健康老龄化研究的文献数据进行可视化计量分析，比较研究热点内容，了解研究演进趋势，以期能够为我国健康老龄化提供借鉴和参考。

10.2 数据来源与研究方法

10.2.1 数据来源

本章数据来源于中国知网网络出版总库及 Web of Science 核心合集数据库。为提高文献分析质量，在中国知网中选择核心期刊和中文社会科学引文索引数据库收录文献，这两类期刊代表了国内具有较高影响力的高质量期刊。以主题词"健康老龄化"进行检索，共计检索得到文献 2102 篇。为保证数据的准确性和科学性，手动剔除新闻报道、会议摘要、征稿等，经过筛选，共计检索得到文献 1179 篇，检索时间跨度为 1995—2022 年，检索时间为 2022 年 4 月 1 日。在 Web of Science 数据库进行检索，标题词为 healthy aging，检索时间跨度同样为 1995—2022 年，文献来源选择 SCI、SS-CI 等，最终选取 2590 篇文献资料。

10.2.2 研究方法

本章借助由美国德雷塞尔大学陈超美博士开发的 CiteSpace 软件，采用文献计量方法进行可视化分析。通过作者、机构、关键词共现等一系列可视化功能，绘制某领域的知识图谱，用于展示和分析该领域学科前沿的演进趋势和热点走向。本章使用的是 CiteSpace 6.1. R1 版本，时间跨度为 1995—2022 年，绘制出健康老龄化研究的关键词共现知识图谱、健康老龄化领域研究的趋势图谱等，深入挖掘健康老龄化的研究热点与趋势。

10.3 文献基本情况的描述性分析

10.3.1 作者合作分析

作者合作网络能够清晰反映研究的核心作者群体及其合作关系。运用 CiteSpace 知识图谱软件绘制出健康老龄化研究文献的来源作者图谱，可以了解在这一领域研究中具有影响力的学者。在图谱中，节点越大表示发文量越多；作者间的合作通过作者连线的粗细和颜色展现出来，连线较粗的表示合作比较紧密。本章设置 Node Types 为 Author，时间跨度为 1995—2022 年，Years Per Slice 为 1 年，以此为基础绘制国内外主要作者知识图谱

（图 10-1、图 10-2）及相对应的主要作者发文数量表格（表 10-1）。

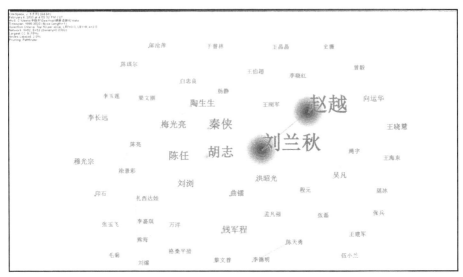

图 10-1　国内健康老龄化研究作者合作图谱

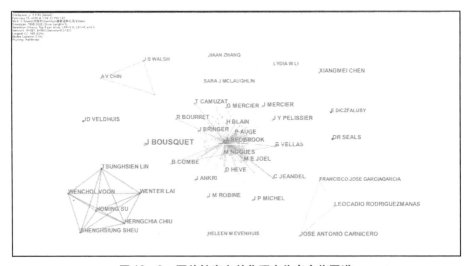

图 10-2　国外健康老龄化研究作者合作图谱

表 10 - 1　国内外主要作者研究文献数量（发文量排名前十位）

序号	中文作者	发文量/篇	外文作者	发文量/篇
1	赵越	56	J. Bousquet	7
2	刘兰秋	56	Jose Antonio Carnicero	4
3	胡志	12	J. P. Michel	4
4	秦侠	9	Xiangmei Chen	4
5	陈任	6	A. Bedbrook	4
6	陶生生	4	J. Bringer	4
7	刘浏	4	Homing Su	4
8	梅光亮	4	J. Y. Pelissier	4
9	钱军程	4	Tsunghsien Lin	4
10	王晓慧	3	B. Combe	4

从图 10 - 1 可以看出，共出现了 52 个节点及 52 条连线，网络密度为 0.0392，说明国内健康老龄化研究领域作者数量较多，作者间合作较为紧密，一共有 11 个研究小团体。其中，以陶生生及熊海等为中心的研究合作范围最大，其次是以胡志及王刚军为中心的研究合作团队。在发文数量上，赵越与刘兰秋的节点与其他作者相比非常显著，发文量最多，均为 56 篇，且二者为合作关系，他们作为首都医科大学的研究学者，主要研究健康老龄化背景下我国安宁疗护服务体系的现状，并提出了相关建议。此外，发文量排在前十位的作者还包括胡志、秦侠、陈任、陶生生、刘浏、梅光亮、钱军程、王晓慧等，他们的发文量均在 3 篇及以上。胡志主要研究不同养老模式下老年人个体层面的社会网络和养老模式现况；秦侠主要研究健康老龄化背景下公民社会组织核心个人社会资本要素、公民社会组织内部社会资本要素构成等问题。从国内研究作者的合作度上看，主要作者间的合作度较高，结合图 10 - 1，可以认为在健康老龄化相关领域内局部形成了成熟的合作网络。

从图 10 - 2 可以看出，共出现了 387 个节点及 983 条连线，说明国外健康老龄化研究领域作者数量非常多且作者间合作非常紧密。其中，以 J. Bousquet 等作者为中心的研究合作范围最大，其次是以 Homing Su 等作者为中心的研究团队。从发文数量上看，国外学者的研究数量较为平均，发文量最多的为 J. Bousquet，为 7 篇，发文量在 4 篇及以上的作者数量有 31

位。J. Bousquet 作为柏林查理特大学医学院的研究学者，认为健康是一个多维度的概念，它反映了人们的感受和功能。世界卫生组织提出了积极健康老龄化的广义概念，然而目前没有一个普遍的积极健康老龄化定义，定义的目的和/或提出的问题不同，定义可能会有所不同。J. A. Carnicero 认为，与细胞氧化应激或缺氧反应有关的基因表达减少与健康老龄化显著相关。这些结果可为促进老年人健康老龄化和独立的干预提供目标。从国外研究作者的合作度上看，主要作者中的合作度较高，可以认为在健康老龄化相关领域内形成了成熟的合作网络。

10.3.2　机构合作分析

对文献来源机构进行分析，可以明确地了解研究健康老龄化的主要机构分布，有利于把握各机构间相互合作与借鉴的关系。利用 CiteSpace 可视化软件，时间跨度与间隔保持不变，Node Types 选择 Institution，进行国内外研究机构知识图谱绘制（图 10 - 3、图 10 - 4），其中，节点大小表示该研究机构发表期刊论文的数量，节点间的连线表示不同机构间的合作强度，同时列举了相对应的主要机构发文数量（表 10 - 2）。

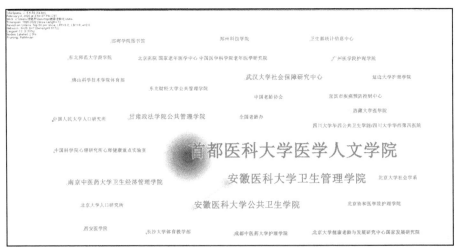

图 10 - 3　国内健康老龄化研究机构合作图谱

从图 10 - 3 可以看出，共包含 29 个节点，连线有 7 条，说明国内主要机构的合作网络分布较为分散，机构数量较少。其中，首都医科大学医学人文学院节点与其他机构相比非常显著，发文量遥遥领先，共有 56 篇文章，其主要研究了我国健康老龄化的现状及应对策略等。在健康老龄化研究领域中发文量为3篇及以上的还包括安徽医科大学卫生管理学院、安徽医科大学公共卫生学院、南京中医药大学卫生经济管理学院、甘肃政法学院公共管理学院、武汉大学社会保障研究中心。安徽医科大学主要研究了社会网络与健康老龄化之间的相关关系及我国健康老龄化评价测量指标体系的构建等。

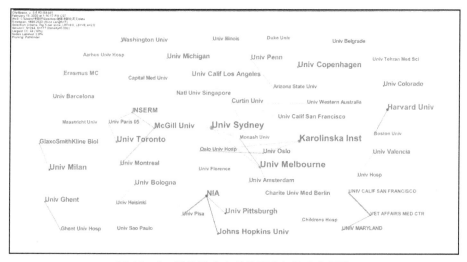

图10-4 国外健康老龄化研究机构合作图谱

从图10-4可以看出，共出现了244个节点及177条连线，说明国外研究机构的合作网络非常紧密，机构发文数量较为平均，且明显多于国内机构的发文数量，发文量排在前五位的机构包括卡罗林斯卡学院（Karolinska Inst.）、墨尔本大学（Univ. Melbourne）、悉尼大学（Univ. Sydney）、多伦多大学（Univ. Toronto）及哥本哈根大学（Univ. Copenhagen）。共有11个机构在健康老龄化研究领域内发文量在10篇及以上。卡罗林斯卡学院分析了人类尊严的九大支柱（充足的食物、饮用水、住房、卫生、保健服务、健康的环境、教育、就业和个人安全），认为世界人口迅速老龄化是另一个重大挑战。它可能对我们未来的社会、经济、卫生等产生影响，然而国际社会迄今尚未完全理解其重要性。

表 10-2　国内外主要机构研究文献数量（发文量排名前十位）

序号	国内机构	发文量/篇	国外机构	发文量/篇
1	首都医科大学医学人文学院	56	Karolinska Inst.	19
2	安徽医科大学卫生管理学院	12	Univ. Melbourne	19
3	安徽医科大学公共卫生学院	6	Univ. Sydney	19
4	南京中医药大学卫生经济管理学院	3	Univ. Toronto	14
5	甘肃政法学院公共管理学院	3	Univ. Copenhagen	13
6	武汉大学社会保障研究中心	3	Univ. Milan	13
7	宜宾市疾病预防控制中心	2	NIA	13
8	佛山科学技术学院体育部	2	McGill Univ.	12
9	全国老龄办	2	Johns Hopkins Univ.	12
10	中国老龄协会	2	Harvard Univ.	12

10.4　研究热点与趋势的可视化分析

10.4.1　关键词共现知识图谱

关键词是一篇论文的核心概括，而一篇论文中列出的几个关键词一定存在着某种关联，这种关联可以用共现的频次来表示。一般认为，词汇对在同一篇文献中出现的次数越多，代表这两个主题的关系越紧密。共词分析法利用文献集中词汇对或名词短语共同出现的情况来确定该文献集所代表学科中各主题之间的关系。统计一组文献的主题词两两之间在同一篇文献出现的频率，便可形成一个由这些词汇对关联所组成的共现网络。在CiteSpace 信息可视化软件中，将 Years Per Slice 设置为 1 年，并在 Pruning 选项中设置 Pathfinder、Pruning the merged network 等参数，以关键词共现网络的方法为主，生成国内外健康老龄化研究关键词热点图谱（图 10-5、图 10-6）与关键词共现频次表（表 10-3）。

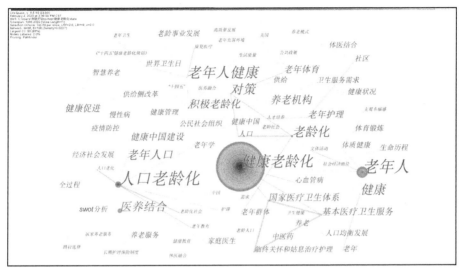

图 10 - 5 国内健康老龄化关键词共现网络图谱

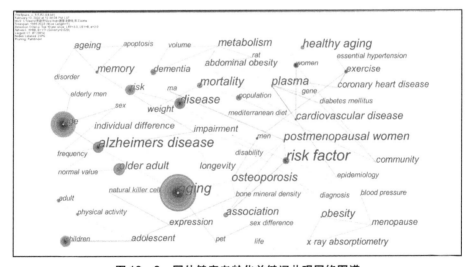

图 10 - 6 国外健康老龄化关键词共现网络图谱

在国内研究中（图 10 - 5），健康老龄化这一主题词共出现了 438 次，构成了网络核心节点，显然，健康老龄化的整体研究在 1995 年以后得以快速扩展，学者们也越来越倾向健康老龄化本身的相关研究。健康老龄化意味着想方设法让老年人不生病、少生病，尽量保持身心健康。其他与主题词相关的关键词还包括人口老龄化、老龄化、积极老龄化及老龄化社会等。

表10-3　国内外关键词的共现频次

国内			国外		
关键词	频次	中心性	关键词	频次	中心性
健康老龄化	438	0.78	aging	391	0.56
老年人	121	0.65	age	311	0.08
人口老龄化	99	0.78	children	159	0.05
临终关怀和姑息治疗护理	56	0	disease	150	0.18
国家医疗卫生体系	56	0.02	older adult	138	0.24
基本医疗卫生服务	56	0.02	risk	137	0.19
医养结合	54	0.21	Alzheimers disease	135	0.48
老龄化	48	0.36	risk factor	89	0.62
老年人口	34	0.31	population	86	0.08
积极老龄化	34	0.28	women	81	0.02
老年人健康	25	0.44	dementia	78	0.1
对策	21	0.37	mortality	75	0.22
健康	16	0.4	association	67	0.29
老年体育	16	0.07	exercise	64	0.2
养老服务	14	0.04	physical activity	63	0.03
生活质量	11	0	performance	63	0
应对人口老龄化	10	0.48	adult	63	0.03
养老机构	6	0.07	gender	48	0
体育锻炼	6	0.04	men	47	0.21
养老模式	6	0	healthy aging	43	0.21

健康老龄化一方面是指老年人个体和群体的健康，另一方面是指老年人生活在一个良好的社会环境。

与医疗卫生有关的关键词包括国家医疗卫生体系、基本医疗卫生服务、医养结合、康复医疗、卫生服务等。医疗卫生事业是民生之大事，这表明了健康老龄化研究更加贴近相关政策。

与老年人相关的关键词包括老年人、老年人口、老年人健康、老年群体等。

在国外健康老龄化研究领域中（图 10 - 6），主要关键词 aging（老龄化）和 age（年龄）共出现了 702 次，共同构成了网络核心节点。其他与年龄相关的关键词有 ageing（变老）、healthy aging（健康老龄化）、longevity（长寿）等，出现的频次同样较高。

与疾病相关的关键词包括 Alzheimers disease（阿尔兹海默病）、dementia（痴呆）、osteoporosis（骨质疏松症）、coronary heart disease（冠心病）、diabetes mellitus（糖尿病）等，表明国外学者更倾向于对老年人各类疾病进行研究。

与人类相关的关键词有 older adult（老年人）、population（人口）、women（女人）、gender（性别）、men（男人）、adult（成年人）。

中心性是测度节点在网络中重要性的一个指标，CiteSpace 使用此指标来发现和衡量文献的重要性，并用紫色圈对该类文献（或作者、期刊及机构等）进行重点标注，这也是判断学者们关注焦点的重要依据。从代表节点促进作用的中心性指标来看，在国内研究中，健康老龄化、人口老龄化、老年人、应对人口老龄化、老年人健康、健康等关键词中心性不小于 0.4，与其他热点关键词之间的通信较强，说明其经常处于和其他关键词通信的路径中，对文献之间的互引关系产生积极作用。而在国外研究中，关键词 risk factor（危险因素）、aging（老龄化）、Alzheimers disease（阿尔茨海默病）的中心性高于 0.4，与其他主要关键词之间联系较为紧密，同样对文献之间的共被引关系产生了积极作用。

10.4.2　关键词聚类知识图谱

在关键词共现网络的基础上进行聚类分析，点击 "Clusters" 进行聚类处理，将繁多的文献归类为不同模块，对各个模块赋予标签显示出其关键词，从而方便我们掌握健康老龄化研究的不同类别（图 10 - 7、图 10 - 8）。聚类的序号是 0～9，数字越小，聚类中包含的关键词越多，每个聚类是由多个紧密相关的词组成的。模块值 Q 的大小与节点的疏密情况相关，一般认为 $Q > 0.3$ 意味着聚类结构显著，Q 值越大聚类效果越好，可以用来进行科学的聚类分析。平均轮廓值 S 的大小可以用来衡量聚类的同质性，一般认为 $S > 0.5$ 的聚类就是合理的，$S > 0.7$ 意味着聚类是令人信服的。S 值越大说明网络的同质性越高，表示该聚类是具有高可信度的。

从图 10 - 7 可以看出，$Q = 0.7984$，说明该网络结构聚类效果较好；$S = 0.7691$，说明该网络同质性较高，不同聚类划分较好。对国内样本文献关键词进行聚类分析，共生成了 10 个模块，即 10 个研究方向，分别为老年体育、卫生服务利用、人口老龄化、生活质量、心血管病、老年人口、医养结合、健康、老年护理、智慧养老。各个模块呈线性排布，且关系较近。聚类出现的平均时间为 2006—2019 年，说明相关研究在此时期成熟。其中，最大的聚类为老年体育，出现时间为 2012 年，包含 14 个关键词；排名第二的聚类为卫生服务利用，出现时间为 2012 年，包含 13 个关键词（表 10 - 4）。

图 10 - 8 显示，聚类图谱的 $Q = 0.7379$，表明该网络结构聚类效果较好；$S = 0.8229$，说明同质性较高，不同聚类划分较好。通过对国外样本文献关键词进行聚类分析，一共生成了 9 个模块，即 9 个研究方向，具体包括 age、children、aging、longevity、testosterone、epidemiology、human、response、rat。各个模块合作较为紧密，关系较近；聚类出现的平均时间跨度较长，为 1995—2009 年。在 9 个聚类中，最大的聚类为 age，出现时间为 2000 年，共包含 age、Alzheimer、memory 等 12 个关键词；排名第二的聚类为 children，出现时间为 1997 年，包括 children、osteoporosis 等 11 个关键词（表 10 - 4）。

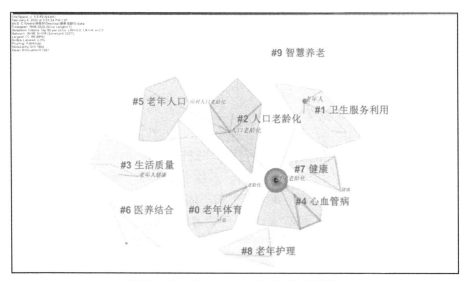

图 10 - 7　国内健康老龄化研究聚类图谱

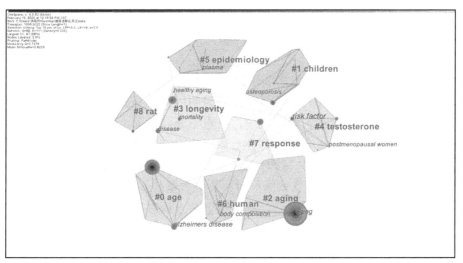

图 10 -8 国外健康老龄化研究聚类图谱

表 10 -4 国内外聚类包含的主要关键词

国内		国外	
聚类	包含的关键词	聚类	包含的关键词
老年体育	老龄化、对策、老年体育、养老机构、老年群体	age	age、Alzheimer、memory、ageing
卫生服务利用	老年人、体育锻炼、体质健康、社区护理、根本保证	children	children、osteoporosis、bone mineral density
人口老龄化	人口老龄化、老龄化社会、健康中国、人口老化	aging	aging、gender、expression、oxidative stress
生活质量	积极老龄化、老年人健康、生活质量、老龄事业发展	longevity	disease、risk、mortality、disability
心血管病	健康老龄化、临终关怀和姑息治疗护理、国家医疗卫生体系、基本医疗卫生服务	testosterone	risk factor、association、prevalence、postmenopausal women
老年人口	老年人口、应对人口老龄化、老年学、慢性病	epidemiology	population、cardiovascular disease、plasma
医养结合	医养结合、养老服务、体医融合、SWOT 分析服务	human	physical activity、adult、human
健康	健康、老年、养老	response	older adult、performance、working memory
老年护理	养老模式、老年护理、社区人才培养	rat	dementia、metabolism、abdominal obesity
智慧养老	智慧养老、健康管理、供给侧改革、健康促进	—	—

10.4.3　关键词年度演变知识图谱

为了从时间维度研究发展演进过程，本章采用 CiteSpace 工具中的时区图对其进行分析。时区图是一个横轴为时间的二维坐标图，文献节点基于首次被引用的时间落在不同时区中，节点不断随时间上移。健康老龄化领域知识演进图，可以从左到右、自上而下地将知识直观展示出来。领域重视度增加，研究文章越多，该时间段内研究出的成果就越多，此时是研究的繁荣阶段；相反，研究文章较少时，节点数量较少，研究处于低谷阶段。同时，根据节点之间的连线可以看出各个节点的联系情况。国内外健康老龄化研究关键词时区分布如图 10－9 及图 10－10 所示。在时区图中，节点大小表示该关键词出现的频次；节点所处的年份表示该关键词首次出现的时间；节点间的连线表示不同关键词同时出现在一篇文章中，预示着不同时段间的传承关系；不同年份出现的文献数量代表该时间发表的成果，也说明该领域所处的时期或阶段。

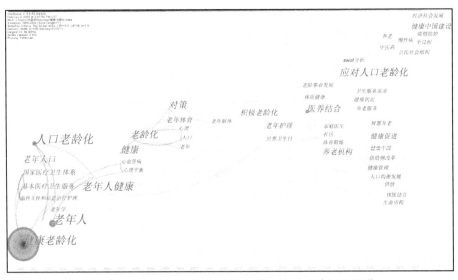

图 10－9　国内健康老龄化研究关键词年度演变知识图谱

从图 10－9 可以看出，在国内健康老龄化领域，每年出现的关键词数量较为平均，新增关键词首先出现于 1995 年，节点最大的关键词为健康老龄化，这一年中出现的其他关键词包括临终关怀和姑息治疗护理、国家医疗卫生体系、基本医疗卫生服务等。在此之后，出现了应对健康老龄化的关键词，包括应对人口老龄化、对策、智慧养老、体医结合等。要实现健康老龄化，不仅需要加强医疗卫生服务和养老服务的制度建设，也需要技术和产业支撑。关键词较多地出现在 2019 年，包括健康管理、健康中国、供给侧改革、人口均衡发展等，说明这一年学者们对于健康老龄化研究兴趣较高，相关研究的文章数量较多，奠定了相关研究的基础；相关研究持续到现在，后续的研究逐渐提出不一样的概念。

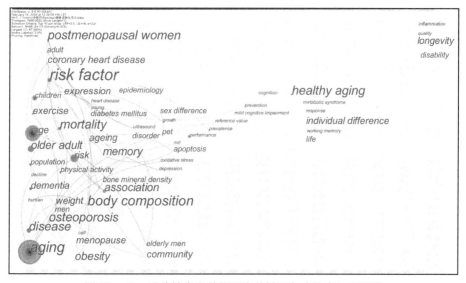

图 10 - 10 国外健康老龄化研究关键词年度演变知识图谱

从图 10 - 10 可知，在国外健康老龄化研究领域，关键词集中出现在 1995—2005 年，表明国外在这一段时间对健康老龄化的研究相对集中且不断增加，新增关键词与国内一样出现于 1995 年，并且包括节点最大的关键词 aging（老龄化）。在 1995 年出现的其他关键词包括 age（年龄）、exercise（运动）、dementia（痴呆）、disease（疾病）等。此后几年新增关键词的数量不断增加，包括 association（因果关系）、body composition（身体成分）、osteoporosis（骨质疏松）等。到了 2015 年前后，重点关注的关键词演变为 healthy aging（健康老龄化）、individual difference（个体差异）、working memory（工作记忆）等。2022 年则出现了 longevity（长寿）、inflammation（炎症）等关键词。

10.4.4　知识基础变迁（期刊双图叠加）

　　学科领域通常由科学知识的基本概念、基本原理等要素构成。合理、有效地利用学科知识基础可以揭示学科内部不同知识体系之间的联系和发展规律。本小节对健康老龄化领域中国内和国外学者被 Web of Science 核心合集收录的相关文献进行分析。利用 CiteSpace 软件分别绘制 1995—2022 年健康老龄化领域国外学者（图 10 – 11）和 1995—2022 年健康老龄化领域国内学者（图 10 – 12）的知识基础情况。图谱的左侧表示目标文献集数据所属的学科领域，称为现有研究领域；右侧表示目标数据集的参考文献所属的学科领域，称为知识基础领域。通过对目标数据集的参考文献所属学科领域的分析可以清晰地看出知识基础的变迁，而对目标数据集所属的学科领域的分析可以清晰地看出知识的扩散情况。

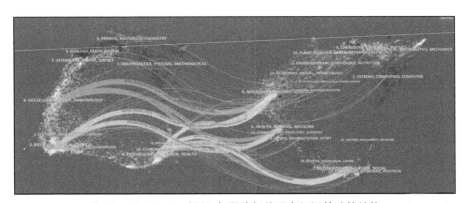

图 10 – 11　1995—2022 年国外相关研究知识基础的结构

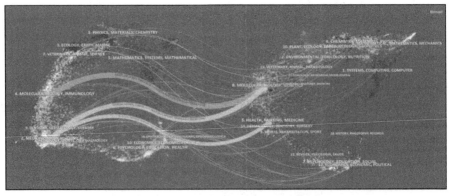

图 10 – 12　1995—2022 年国内相关研究知识基础的结构

对健康老龄化领域的不同国家学者关注的领域和知识基础进行分析，可以发现，国内外学者关注点明显不同，国内学者对"Psychology, Education, Health"领域的关注较少，未来应加强相关研究。具体来看，国外学者相关研究主要集中在"Medicine, Medical, Clinical""Molecular, Biology, Immunology"和"Psychology, Education, Health"三个主题领域，而中国学者相关研究则主要集中在"Medicine, Medical, Clinical""Molecular, Biology, Immunology"两个主题领域。从国内外学者研究的知识基础来看，国外学者相关研究知识基础多样性较高，不同学科之间知识交叉明显，而国内，在相关研究的基础知识交叉较为薄弱。国外学者相关研究核心知识基础领域为"Health, Nursing, Medicine""Psychology, Education, Social""Molecular, Biology, Genetics"三大基础领域，而中国相关研究核心基础知识领域为"Health, Nursing, Medicine""Molecular, Biology, Genetics"。

10.4.5　不同国家学者研究主题分布

为了揭示不同国家学者关注的研究主题分布趋势，本小节利用 CiteSpace 软件的国家合作和关键词共现分析，基于每篇文献的作者国别属性和关键词关系属性绘制二模混合网络。在 CiteSpace 信息可视化软件中，将 Years Per Slice 设置为 1 年，阈值选择 g-index ＝20，并在 Pruning 选项中设置 Pathfinder、Pruning the merged network 等参数，以关键词共现和国家合作混合网络的方法为主，生成国内外健康老龄化研究国家和关键词热点混合图谱（图 10 – 13）与关键词频次表（表 10 – 5）。图 10 – 13 中圆形节点代表国家或地区，加号节点表示关键词，网络中一共有 599 个节点，1046条连线。

在国外健康老龄化研究领域，主要关键词有 disease（疾病）、age（年龄）、Alzheimers disease（阿尔茨海默病）、risk（风险）、older adult（老年人）、risk factor（危险因素）等。其中，disease 共现频次最高，为 159 次。从国家来看，美国（USA）的合作频次最高，为 541 次；其次为意大利（ITALY），合作频次为 121 次；中国（PEOPLES R CHINA）合作频次为 110次。从混合网络中不同国家或地区的结构分布来看，中国与其他国家分别位于图谱左右两端。其中，中国相关研究的关键词主要有 older adult（老年人）、age（年龄）、alzheimers disease（阿尔茨海默病）、healthy aging（健康老龄化）、association（因果关系）、life span（寿命）、oxidative stress（氧化应激）等。国外相关研究关键词主要有 older adult（老年人）、age（年龄）、

Alzheimers disease（阿尔茨海默病）、healthy aging（健康老龄化）、dementia（痴呆）、mild cognitive impairment（轻度认知障碍）、physical activity（体力活动）、disease（疾病）、association（因果关系）、quality of life（生活质量）、cardiovascular disease（心血管病）等。

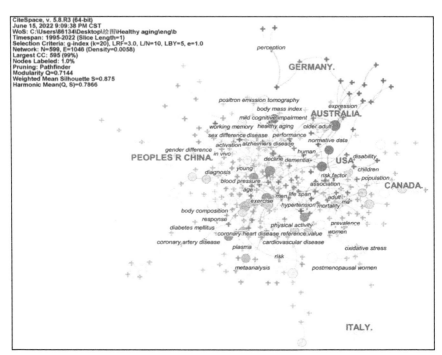

图 10-13　健康老龄化领域国家和关键词混合网络

表 10-5　混合网络节点频次信息

频次	突现强度	中心度	关键词或国家
541	—	0.02	USA
159	—	0.04	disease
150	—	0.02	age
148	—	0.08	Alzheimers disease
125	4.12	0.06	risk
121	8.35	0.03	ITALY
117	—	0.03	older adult
110	14	0.02	PEOPLES R CHINA

续上表

频次	突现强度	中心度	关键词或国家
109	7.43	0.03	risk factor
103	6.72	0.01	AUSTRALIA
103	7.07	0.01	CANADA
103	—	0	GERMANY
98	—	0.04	mortality
95	3.55	0.01	population
94	5.98	0.04	association
93	—	0.15	adult
88	4.07	0.04	dementia
86	—	0.05	physical activity
82	6.34	0.04	performance
81	—	0.06	women

10.5　结论与展望

本章通过信息可视化软件 CiteSpace，从国内外两个角度，以研究机构作者状况、研究热点与演进分析为重点，对健康老龄化研究进行文献挖掘和可视化分析，梳理了 1995—2002 年该领域研究前沿热点及演进发展历程，为我国健康老龄化研究提供启发和借鉴。

首先，国内外健康老龄化研究关注度在持续上升。从国家来看，美国的合作频次最高为 541 次，其次为意大利、中国、澳大利亚等国家。从研究作者合作上看，国内健康老龄化研究领域的作者数量较多，作者间合作较为紧密。赵越与刘兰秋发文量最多，而以陶生生及熊海等作者为中心的研究合作团队最大。国际上研究作者数量非常多，作者间合作非常紧密，但作者发文量较为平均，其中，以 J. Bousquet 等作者为中心的研究合作团队最大。从机构发文量图谱来看，国内合作研究比较松散，首都医科大学医学人文学院在图谱中显示突出。相较于国内机构合作而言，国外合作研究比较紧密，主要围绕 Karolinska Inst.、Univ. Sydney 等机构进行合作。

其次，在研究主题热点方面，通过分析国内外健康老龄化研究热点和演化历程，可以发现两者在研究内容和研究侧重点方面有所差异。国际关键词研究热点主要集中在 aging、age、children、disease、older adult、risk、Alzheimer disease、risk factor 等方面；而国内关键词研究热点主要集中于健康老龄化、人口老龄化、临终关怀和姑息治疗护理、国家医疗卫生体系、基本医疗卫生服务、医养结合等方面。在演进历程上，国际研究热点关键词演进由人口老龄化转向预防与应对人口老龄化研究；国内研究热点关键词演进由健康老龄化的微观研究转向人口均衡发展、健康中国建设、经济社会发展、智慧养老等宏观研究。

最后，目前的健康老龄化研究大多数为定向和变性研究，以一定的理论依据为基础，运用科学测量的工具，研究涉及老年体育、老年养护等领域的研究对象。但总体上对于健康老龄化的研究范围相对较窄，因此今后学者应向更广的研究方向延伸。多学科融合、多元化研究方法研究健康老龄化将是未来的研究重点。在人口老龄化迅猛发展的背景下，我国老年人口对美好生活的需求也迅速增加，如何科学合理地测量该群体的获得感关乎老年人的幸福安康和社会稳定。在未来研究中，研制出科学测量老年人获得感的工具，可为政府适时改进社会管理策略提供参考，助推和谐社会与幸福中国建设。

参考文献

[1]白晨，顾昕．社会医疗保险与健康老龄化——新型农村合作医疗制度"营养绩效"分析［J］．社会保障评论，2018，2（2）：41 - 54.

[2]柏星驰，满晓玮，程薇．中国人口老龄化对居民医疗卫生支出的影响研究［J］．中国卫生政策研究，2021，14（5）：50 - 58.

[3]陈悦，陈超美，刘则渊，等，CiteSpace 知识图谱的方法论功能［J］．科学学研究，2015，33（2）：242 - 253.

[4]房宏君，刘凤霞．基于科学知识图谱的国内激励研究热点分析［J］．劳动保障世界，2017（6）：6，30.

[5]葛延风，王列军，冯文猛，等．我国健康老龄化的挑战与策略选择［J］．管理世界，2020，36（4）：86 - 96.

[6]李欣．健康老龄化视域下老年人公共体育服务［J］．中国老年学杂志，2021，41（10）：2196 - 2199.

[7]刘兰秋，赵越．日本居家安宁疗护服务体系构建经验及其对我国的启示［J］．中国全科医学，2022，25（19）：2320 - 2324.

[8]刘远立．树立积极老龄观　促进健康老龄化［J］．行政管理改革，2022

（14）：17 - 19.

［9］马晓晴 . 2010 年我国"高职教育"研究热点的可视化分析 ［J］. 职业技术教育，2011，32（28）：26 - 30.

［10］梅光亮，陶生生，朱文，等 . 我国健康老龄化评价测量指标体系的构建 ［J］. 卫生经济研究，2017（11）：58 - 60.

［11］潘新祥，胡志，白忠良，等 . 健康老龄化背景下不同养老模式老年人社会网络比较 ［J］. 中国农村卫生事业管理，2021，41（1）：60 - 63，67.

［12］孙鹃娟 . 健康老龄化视域下的老年照护服务体系：理论探讨与制度构想 ［J］. 华中科技大学学报（社会科学版），2021，35（5）：1 - 8，42.

［13］张珊珊，陈任，刘浏，等 . 健康老龄化领域公民社会组织内部社会资本要素探讨 ［J］. 南京医科大学学报（社会科学版），2020，20（1）：28 - 32.

［14］张星曦，刘浏，胡志，等 . 健康老龄化领域公民社会组织核心个人社会资本要素探讨 ［J］. 南京医科大学学报（社会科学版），2020，20（1）：33 - 36.

［15］BOUSQUET J，KUH D，BEWICK M，et al. Operational definition of active and healthy ageing（AHA）：a conceptual framework ［J］. Journal of nutrition health & aging，2015，19（9）：955 - 960.

［16］DICZFALUSY E. In search of human dignity：gender equity，reproductive health and healthy aging ［J］. International journal of gynecology & obstetrics，1997，59（3）：195 - 206.

［17］EL ASSAR M，ANGULO J，CARNICERO J A，et al. Frailty is associated with lower expression of genes involved in cellular response to stress：results from the Toledo study for healthy aging ［J］. Journal of the American Medical Directors Association，2017，18（7）：734.

［18］INTILLE S S. A new research challenge：persuasive technology to motivate healthy aging ［J］. IEEE transactions on information technology in bio-medicine，2004，8（3）：235 - 237.

［19］MARCOS P J，GONZALES G N，VAQUERO C，et al. Multi-domain healthyage programme. Recommendation for healthy ageing：on behalf of the healthy-age network ［J］. Cultural efficiency deport，2021，35（18）：311 - 320.

［20］World Health Organization. World report on age and health ［R］. Geneva：WHO，2015：26.

第 11 章　老人照护

11.1　引言

　　失能老人是指疾病、外伤或者衰老等导致机体功能下降、自理能力受损甚至丧失的老年人。21 世纪以来，医疗水平的提高延长了人口预期寿命，然而生育率的持续走低，使中国面临老龄化加速的局面，失能老人的数量呈现快速增长趋势。失能老人需要长期照护，容易导致出现"一人失能，全家失衡"的社会难题。目前，失能老人照护问题已成为我国养老事业的重点和难点，制约我国养老体系的发展，使我国的养老制度面临严峻的挑战。近年来，国内学者针对这一问题进行了大量的研究，并取得众多研究成果，但从宏观角度进行系统化回顾分析的文献较少。因此，本章试图借助 CiteSpace 可视化分析软件，采用文献计量学的方法，对国内现有相关文献进行整理和分析，厘清该领域的研究力量、研究热点与研究趋势，为未来更加深入的研究提供参考及依据。

11.2　数据来源与研究方法

11.2.1　数据来源

　　本章数据来源于 Web of Science（WoS）核心文集数据库，为提高文献分析质量，在该数据库中，以主题词"integrated care"及所有字段下的"elderly"进行检索。为保证数据的准确性和科学性，文献来源选择论文、回忆录论文及综述论文，检索时间跨度为 1993—2022 年，检索时间为 2022 年 7 月 25 日，共计检索得到文献 2616 篇。

11.2.2　研究方法

　　本章借助由美国德雷塞尔大学陈超美博士开发的 CiteSpace 软件，采用文献计量方法进行可视化分析。通过作者、机构、关键词共现等一系列可视化功能，绘制某领域的知识图谱，用于展示和分析该领域学科前沿的演进趋势和热点走向。本章使用的是 CiteSpace 5.5. R2 版本，时间跨度选择1993—2022 年，Time Slicing 设置为 1，阈值选择 Top 50，Pruning 选项设置为 Pathfinder 和 Pruning the merged network，绘制出综合护理研究的关键词共现知识图谱、综合护理领域研究的趋势图谱等，深入挖掘综合护理的研究热点与趋势。

11.3　国家或地区合作分析

国家或地区间合作关系及发文数量分布可以通过国家或地区合作知识图谱的方式显示出来。在 CiteSpace 软件中，Node Types 选择 Country，并设置 Top N 为 50，最终生成综合护理研究领域国家或地区的合作知识图谱（图 11 - 1）。在图谱中，节点越大说明该国家或地区发文量越多，国家或地区的首次发文时间可以通过线条的颜色加以区别；同理，合作关系亦可通过连线的粗细展现，连线较粗表示合作比较紧密。

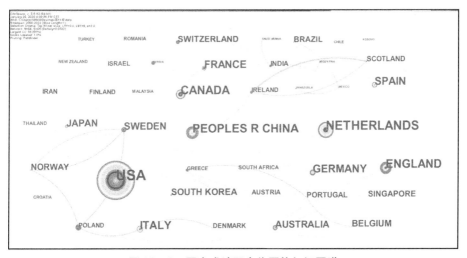

图 11 - 1　国家或地区合作网络知识图谱

由图 11 - 1 可知，在综合护理研究领域，共有 136 个国家或地区参与研究，各国家或地区之间的合作连线共 285 条，网络密度为 0.031，合作非常密切。在该研究领域中，国家发文量由高到低依次为美国（USA）、荷兰（NETHERLANDS）、英国（ENGLAND）、中国（PEOPLES R CHINA）、加拿大（CANADA）、意大利（ITALY）等，发文量均在 100 篇以上。其中，美国的节点最大，发文量最多，为483篇，是排在第二的荷兰的发文量的2倍以上。美国与荷兰、英国及中国等共同构成了网络核心节点。来自美国的研究学者认为医疗保健系统已经开始使用传感器网络和物联网等先进技术，使医疗保健解决方案易于获取且患者能够负担得起。然而，对其可靠性持怀疑态度的老年患者对先进技术的使用犹豫不决。解决这个问题的办法是增加医疗保健系统可靠性和以患者为中心，使患者相信该系统。为实现这一目标，定义一个多层面的设计，说明如何将可靠性属性集成在其中，并在一个可用于老年家庭监控系统的传感器设计模式中简要说明。

11.4 机构合作分析

对文献来源机构的分析，可以使我们较为清楚地了解综合护理领域的主要机构分布，据此发现哪些有影响力的机构在该领域中进行研究。本章利用 CiteSpace 软件工具中的合作网络分析功能，挖掘研究领域的研究机构的网络关系，该网络关系能直观地反映机构间的合作情况，能为科学评价机构在学术范围内影响力提供参考。利用 CiteSpace 可视化软件，在 Node Types 选项中选择"Institution"进行研究机构知识图谱绘制，如图 11 - 2 所示，其中，节点的大小表示该研究机构发表期刊论文的数量，节点间连线的粗细表示不同机构间的合作强度。

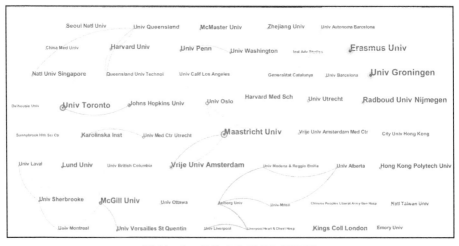

图 11 -2 机构合作网络知识图谱

观察图 11 - 2，可发现，参与研究的机构数量非常多，机构间合作非常紧密。在所有研究机构中发文量排在前列的有格罗宁根大学（Univ. Groningen）、阿姆斯特丹弗里耶大学（Vrije Univ. Amsterdam）、伊拉斯姆斯大学（Erasmus Univ.）、拉德堡德大学（Radboud Univ. Nijmegen）、多伦多大学（Univ. Toronto）、马斯特里赫特大学（Maastricht Univ.）、麦吉尔大学（McGill Univ.），发文量均在 24 篇及以上。其中，格罗宁根大学的节点较为突出，发文量最多，为 44 篇。其为了考察 CareWell 计划实施程度与预防虚弱老年人功能衰退的关联，在集群控制试验的同时进行定量过程评价：测量了在数字信息门户中存储的团队会议、病例管理、药物审查及护理计划数据，将这些数据汇总成一个执行评分，采用线性混合模型分析总的执行评分与功能衰退的相关性。结果表明，CareWell 计划的更高程度实施并没有导致体弱老年人功能的下降。奈梅亨大学的发文量在所有参与研究综合护理的机构中排在第二位，发文量为 33 篇。该研究机构认为医疗保健中的临床伦理支持机制正在增加，但对老年护理的具体发展知之甚少，因此对机构养老现有伦理支持机制的特点进行系统的文献综述，包括对 3 个电子数据库进行了审查，审查了 60 份文件。伦理支持机制分为四类，每个类别都描述了组织的目标、方法和方式。伦理支持往往服务于几个目标，可以针对不同层次——个案、专业或组织。在过去的几十年里，老年护理的道德支持发生了一些变化。考虑到目标，伦理支持变得更加外向和积极主动，旨在使专业人员有资格将伦理融入日常护理过程。

11.5 作者合作网络

作者合作网络能够清晰反映作者在综合护理领域研究的学术地位及对于该研究领域的贡献程度，也能体现研究的核心作者群体及其合作关系。CiteSpace 软件可以绘制出医院管理研究文献的来源作者图谱。本章设置 Node Types 为 Author，时间跨度默认，Years Per Slice 为 1 年，Top N 值为 50，绘制主要作者知识图谱（图 11 - 3），以此来查看作者在合作网络的重要性指标及相关的网络属性。

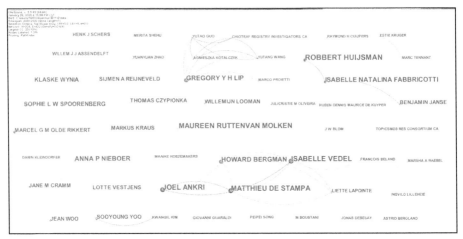

图 11 - 3　作者合作网络知识图谱

由图 11 - 3 可以看出，该领域的研究作者数量非常多，作者间的连线非常紧密表明作者间的合作度非常高，在综合护理相关领域内局部形成严密成熟的合作网络。共出现了 2 个研究团队，以作者 ANNA P NIEBOER 为中心的研究合作范围最大，合作年限跨度较长；其次是以 CEES M P M HERTOGH 为中心的研究合作团队，由 5 位研究学者组成。从发文数量上看，整体上，作者发文量较为平均。发文量排在前列的作者有 ANNA P NIEBOER、KLASKE WYNIA、JOS M G A SCHOLS、MATTHIEU DE STAMPA、ISABELLE VEDEL 等，发文量均在 7 篇及以上。其中，ANNA P NIEBOER 的节点最大，在该研究领域发文量最多，为 11 篇，首次发文时间为 2011 年，比较有代表性的文章包括 *A framework for understanding outcomes of integrated care programs for the hospitalised elderly* 及 *The importance of relational coordination for integrated care delivery to older patients in the hospital* 等。KLASKE WYNIA 的发文量在所有作者中排在第二位，发表了包括 *Development and psychometric evaluation of a measure to evaluate the quality of integrated care：the patient assessment of integrated elderly care* 在内的 9 篇文章。

11.6　关键词共现知识图谱

关键词是一篇论文的核心概括，而一篇论文中列出的几个关键词一定存在着某种关联，这种关联可以用共现的频次来表示。一般认为，词汇对

在同一篇文献中出现的次数越多，代表这两个主题的关系越紧密。在
CiteSpace 信息可视化软件中，将 Years Per Slice 设置为 1 年，Top N 值为 50，
并在 Pruning 选项中设置 Pathfinder、Pruning the merged network 等参数，以
关键词共现网络的方法为主，生成综合护理研究关键词热点图谱（图
11 - 4）与关键词频次表（表 11 - 1）。

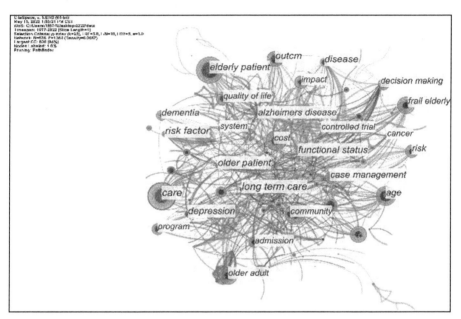

图 11 - 4　关键词共现网络知识图谱

表 11 - 1　关键词频次

序号	关键词	频次	中心性	出现时间
1	care	241	0.13	1994 年
2	elderly patient	216	0.04	1994 年
3	older adult	163	0.04	2000 年
4	health	160	0.06	1999 年
5	management	153	0.03	1999 年
6	integrated care	151	0.02	2003 年
7	health care	137	0.03	1997 年
8	outcome	136	0.12	1993 年
9	older people	134	0.04	2003 年

续上表

序号	关键词	频次	中心性	出现时间
10	elderly people	114	0.02	1997 年
11	prevalence	108	0.04	2001 年
12	quality of life	108	0.02	1995 年
13	risk	106	0.08	1993 年
14	impact	103	0.07	1994 年
15	mortality	102	0.04	2005 年
16	intervention	94	0.08	1997 年
17	program	92	0.05	1998 年
18	quality	90	0.06	1999 年
19	model	87	0.04	1995 年
20	community	84	0.06	1997 年

11.7 关键词年度演变知识图谱

为了从时间维度研究发展演进过程，采用 CiteSpace 工具中的时区图对其进行分析。时区图是一个横轴为时间的二维坐标图，文献节点基于首次被引用的时间落在不同时区中，节点不断随时间上移。综合护理领域知识演进图，可以从左到右、自上而下地将知识直观展示出来。领域重视度增加，研究文章越多，该时间段内研究出来的成果就越多，此时是研究的繁荣阶段；相反，研究文章较少时，节点数量较少，研究处于低谷阶段。同时，根据节点之间的连线可以看出各个节点的联系情况。综合护理关键词时区分布如图 11 - 5 所示。

由图 11 - 5 可知，在国际综合护理研究领域，每年出现的关键词数量比较平均，关键词数量较多。关键词首先出现于 1991 年，包括 blood pressure、family、morale、follow、human resource 这 5 个关键词。在此之后出现了一些关于临床试验的关键词，如 trial、controlled trial、clinical trial 等。而在 21 世纪初，与疾病相关的关键词明显增多，尤其是关于慢性病的关键词，如 chronic illness、chronic pain、chronic cancerpain、morbidity 等，说明在此阶段学者们对于老年人各类疾病的研究兴趣较高，相关研究的文章数量较多。在近几年中，产生了一些新兴关键词，包括 artificial intelligence、dance/

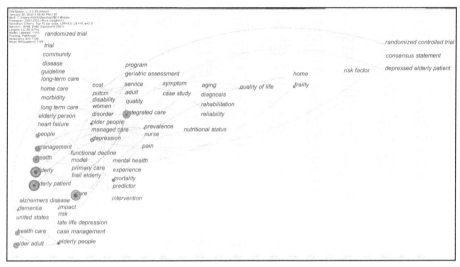

图 11 −5　关键词时区知识图谱

movement therapy、art therapy、elderly services supply chain，体现出学者们对于老年人综合护理研究紧随时代发展，研究程度不断加深，范围不断扩展。

11.8　关键词突现知识图谱

突现词是指出现频次在短时间内突然增加或者使用频次明显增多的关键性术语。对突现词进行分析，可以探究综合护理研究领域的发展趋势及前沿热点，也可以反映学者特别关注的新兴研究内容。利用 CiteSpace 可视化软件在关键词共现网络基础上点击"Burstness"，进行突现词知识图谱绘制，如图 11 −6 所示。

图 11 −6 显示出了在 1977—2022 年间最具引用性或激增性的 15 个突现关键词，图中时间段上突出部分清晰地展现出起止时间和关键词的演进历程。从突现强度上看，强度排在前列的关键词有 community、predictor、randomized trial、admission、home、long term care 及 united states，突现强度均大于 6。其中，关键词 community 突现强度最高，为 9. 31，持续时间为 1997—2008 年；次之的为关键词 predictor，突现强度是 8. 75，持续时间为 2005—2012 年。从持续时间上看，持续时间最长的关键词为 long term care，从关键词首次出现的 1993 年到 2006 年，在此期间一直为研究的热点内容；而关键词 community 持续时间排名第二，跨度为 10 年。近期属于综合护理

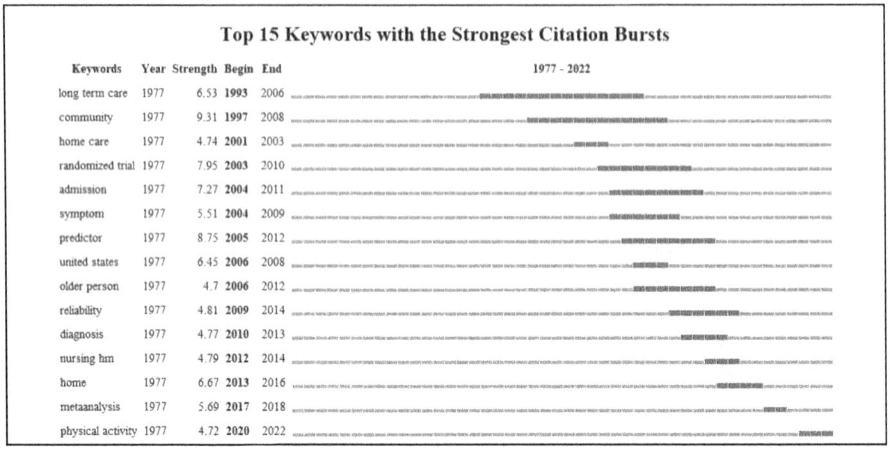

图 11 -6　关键词突现知识图谱

研究热点内容的关键词为 physical activity，其从 2020 年开始出现，一直持续至今。

11.9　关键词聚类知识图谱

CiteSpace 科学可视化软件在关键词共现网络的基础上可以进行聚类分析，将表意相同的关键词聚成同一个模块，同时将各个模块赋予标签显示出其关键词，如图 11 -7 所示。可以发现，在综合护理关键词聚类知识图谱中，网络密度为 0.0067。在聚类中，模块值 Q 的大小与节点的疏密情况相关，Q 值越大表明聚类效果越好，可以用来进行科学的聚类分析。平均轮廓值 S 的大小可以用来衡量聚类的同质性，S 值越大说明网络的同质性越高，表示聚类是具有高可信度的。在图 11 -7 中，$Q = 0.7134$，说明该网络结构聚类效果非常好；$S = 0.7787$，大于 0.5，说明该网络同质性较高，不同聚类划分较好。

在关键词共现网络中点击 "Cluster" 选项，对样本数据进行关键词聚类分析，一共出现了 8 个聚类，也代表了八大研究方向，分别为 integrated care、long-term care、prevalence、mental health、older people、alzheimers disease、palliative care 及 elderly patient。各个聚类之间线条较多，说明聚类之间联系比较紧密；而聚类的节点非常密集，说明每一聚类包含的关键词数量较多。关键词时间线图是在关键词聚类的基础上，将每类关键词依据出现时间的先后由左向右依次展开，每个聚类包含的关键词处于聚类名称的

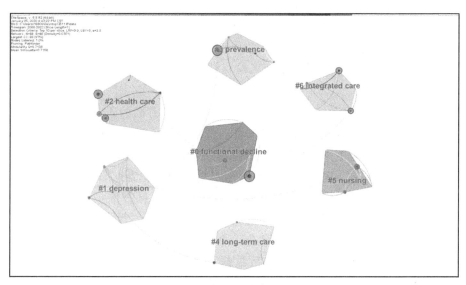

图 11 – 7　关键词聚类知识图谱

下方，如图 11 – 8 所示。

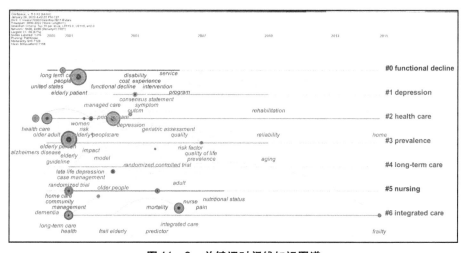

图 11 – 8　关键词时间线知识图谱

由图 11 – 8 可以看出，在所有聚类中，聚类范围最大的为 integrated care，共包含 collaborative care、serious mental illness、illness self-management 等 56 个关键词，出现时间为 2004 年。第二大聚类为 long-term care，在 2003 年出现，共包括 46 个关键词，如 resource allocation、service systems、risk assessment 等。虽然聚类 elderly patient 在 8 个聚类中范围最小，但包含的关键词数量也较多，共有 36 个关键词。

11.10 结论与展望

本章分析了 1977—2022 年我国失能老人照护方面的研究力量、研究热点及变化趋势，归纳出 3 个研究类团：长期照护、照护方式、照顾者。目前，我国关于失能老人照护的各项制度、举措正处于积极探索与试点阶段，预计未来居家照护、医养结合、照护需求是我国失能老人照护研究的重点。除此之外，失能老人的个性化、智能化养老，心理精神照护，幸福感及价值感的提升同样是学者关注的方向。本章仍存在以下不足之处：本章仅检索了 WoS 数据库，未对其他数据库进行检索，后期进一步研究可考虑增加检索万方、维普、中国生物医学文献服务系统等数据库的文献；另外，本章仅就我国失能老人照护进行研究分析，缺少与国外的对比研究，还需在今后研究中进一步完善。

参考文献

[1] 孙叶飞，谢冰心，金宝娣，等.综合护理对老年造口旁疝患者围术期的干预效果 [J].中国医科大学学报，2021，50 (2)：186 – 189.

[2] 魏振港，龙文燕，卢丽琴，等.基于 CiteSpace 国内糖尿病视网膜病变护理研究可视化分析 [J].全科护理，2022，20 (18)：2453 – 2458.

[3] HARTGERINK J M, CRAMM J M, BAKKER T J E M, et al. The importance of relational coordination for integrated care delivery to older patients in the hospital [J]. Journal of nursing management，2014，22 (2)：248 – 256.

[4] HARTGERINK J M, CRAMM J M, VAN WIJNGAARDEN J D H, et al. A framework for understanding outcomes of integrated care programs for the hospitalised elderly [J]. International journal of integrated care，2013，12 (6)：112 – 123.

[5] PERIYASAMY K, ALAGAR V, WAN K Y. Dependable design for elderly health care [C]. Federated conference on Computer Science and Information Systems. Prague，2017：803 – 806.

[6] RUIKES F G H, VAN GAAL B G I, OUDSHOORN L, et al. The associa-

tion between implementation and outcome of a complex care program for frail elderly people [J]. Family practice, 2018, 35 (1): 47 – 52.

[7]UITTENBROEK R J, REIJNEVELD S A, STEWART R E, et al. Development and psychometric evaluation of a measure to evaluate the quality of integrated care: the patient assessment of integrated elderly care [J]. Health expectations, 2016, 19 (4): 962 – 972.

[8]VAN DER DAM S, MOLEWIJK B, WIDDERSHOVENG A M, et al. Ethics support in institutional elderly care: a review of the literature [J]. Journal of medical ethics, 2014, 40 (9): 625 – 631.

第 12 章　国内旅居养老

12.1　引言

随着人民生活水平的显著提高，老年群体的消费观念也在发生变化，居家养老等传统养老模式越来越不能满足老年人的养老需求，旅居养老逐渐成为一种趋势，并成为未来养老的新方向。旅居养老最早由中国老年学会副秘书长程勇先生提出，是指人们选择在退休后离开原居住地，选择其他地区生活并享受养老生活。随着人口老龄化的加剧，旅居养老不仅有利于促进老年人的身心健康和生活品质的提升，而且有利于加快老龄事业和产业发展，实现社会效益与经济效益的有机统一，是积极应对人口老龄化的重要举措。近年来，旅居养老逐渐引起学者们的广泛关注，研究成果丰富。本章从可视化的角度对旅居养老进行计量研究，运用可视化知识图谱软件 CiteSpace，对中国知网中的旅居养老研究文献数据进行可视化计量分析，梳理研究脉络，以期能够对我国未来旅居养老的研究内容提供有益的参考。

12.2　数据来源与研究方法

12.2.1　数据来源

本章数据主要来自中国知网数据库。在中国知网数据库中，以"旅居养老"为关键词，时间范围设置为默认，检索日期为 2023 年 8 月 20 日，检索国内发表的有关旅居养老的中文文献。在文献中进行筛选，排除与检索主题无关的文献、重复发表的论文、会议摘要、新闻报道、广告等信息，最终得到 372 篇有效文献，以 Refworks 形式导出，并进行可视化分析。

12.2.2　研究方法

本章主要利用知识图谱的方法进行文献计量。CiteSpace 软件是由美国德雷塞尔大学陈超美教授研发的知识图谱软件，不仅可以挖掘引文空间的知识聚类和分布，而且还可以对作者、研究机构等知识单元进行共现分析。CiteSpace 是一个用于分析和可视化共引文网络的 Java 应用程序。它是一种引文可视化分析软件，是在科学计量学和数据可视化的背景下开发的，重点是分析科学分析中包含的潜在知识。基于信息科学中"研究前沿"和"知识库"之间的时间二元性的概念，实现了两种互补的观点：聚焦视图和时区视图。由于科学知识的结构、规律和分布是通过可视化呈现的，通过这种方法分析的可视化图也称为"映射知识领域"。

12.3　研究结果

12.3.1　研究文献年度分布

在一段时间内旅居养老研究领域发表的学术文献数量，反映了在某个阶段内该领域的研究概况、发展态势等，可以在一定程度代表该领域学术研究的发展水平，也可以及时体现出社会发展与该领域之间的互动关系。随着时间的推移，发表论文数量的变化趋势可以从宏观的角度反映该领域的发展趋势。本章对来自中国知网数据库的旅居养老领域研究的发文量进行统计，研究文献年度分布如图 12－1 所示。

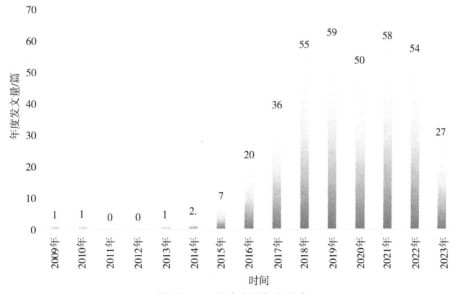

图 12－1　研究文献年度分布

由图 12 - 1 可知,在该领域内,发文趋势总体呈现快速上升的态势。其中,2009—2015 年以旅居养老为关键词的文献数量较少,平均发文量在 1 篇左右,发文量最多的时间为 2015 年,但发文数量仅有 7 篇,研究的主要内容多为旅居养老的目的地。这说明在此阶段,学者们对于旅居养老研究处于起步阶段,研究学者数量及相互之间的合作较少,相关研究范式有待形成。2016—2023 年,旅居养老领域研究呈现出快速上升的发展趋势,属于旅居养老研究的一个繁荣期。随着研究量的不断增加,该领域逐渐显示出巨大的学术价值、商业价值和社会价值,学者们对于旅居养老这一研究领域的关注度亦显著上升,有较多的学者进入这一领域进行研究。学者们对该领域的研究兴趣不断增加,相互间合作较为紧密,研究内容涵盖多个方面,如旅居养老产业、养老模式、养老服务、旅居养老特色小镇等。

12.3.2 研究作者分布

在学术期刊上发表的文献总数能够在一定程度上说明该作者在旅居养老领域的学术地位,而作者合作网络能够清晰反映研究的核心作者群体及其合作关系。CiteSpace 知识图谱软件可以绘制出旅居养老研究文献的作者合作知识图谱,以此来发现哪些有影响力的作者在旅居养老领域中进行研究。在作者合作网络中,作者发文量越多,节点越大。作者间的合作度通过作者间连线的粗细和颜色展现出来,连线较粗的表示合作比较紧密。设置 Node Types 为 Author,时间跨度为 2009—2023 年,Years Per Slice 为 1 年,Top N 值为 50,其余默认,最终生成作者合作知识图谱(图 12 - 2)。

由图 12 - 2 可知,在作者合作知识图谱中,共出现了 86 位研究作者,作者间连线有 83 条,说明在旅居养老研究领域中研究作者数量较多,作者间合作非常紧密,共出现了 17 个研究团队。其中,以涂静雯等为中心的研究团队规模最大,包含 6 位研究作者。该研究团队主要研究数智浪潮背景下陪伴式旅居养老模式的发展,并提出加大资金投入、完善顶层制度设计、进行互联网适老化改革、弥补数字鸿沟等路径能够推动养老行业质量的提高。以龚艳文等为中心的研究团队规模排在第二位,该研究团队涵盖 5 位研究作者;该团队主要针对旅居式养老的市场进行研究,相对于传统的家庭养老和社区养老模式,旅游 + 养老更能满足老人的精神需求,旅居养老逐渐成为更多老人的新选择。其余的研究团体规模较小,大部分由 2 ~ 3 位研究作者组成。

从作者发文量上看,作者间发文量差距较小,发文量排在前列的作者

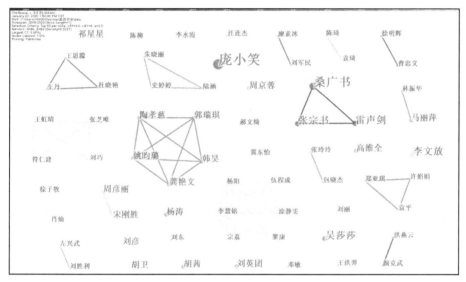

图 12 - 2　作者合作知识图谱

包括庞小笑、桑广书、吴莎莎、张宗书、雷声剑及李文放等，发文量均超过 4 篇。其中，作者庞小笑的节点最大，发文量最多，为 8 篇；作者桑广书的发文量排在第二位，为 6 篇。他们主要的研究内容为旅居养老的目的地选址及适宜性评价等。目前，养老目的地开发中存在的矛盾主要表现在老年人日益高涨的养老需求与难以选择养老目的地之间。老年群体特殊的生理心理特征及节奏缓慢的出行特征等决定了养老地的环境、基础设施、医疗设施、交通等条件必须满足老年人的习惯。作者李文放的发文量排在第三位，为 5 篇，研究的主要方向为北海的旅居养老。他认为，随着我国经济快速发展，养老模式也出现多种样式；候鸟式旅居养老成为北海旅游和养老新亮点，给北海带来了许多商机。

12.3.3　研究热点分析

关键词是文献的核心和本质，是对文献内容的高级摘要。其背后的基础为共词分析。共词分析法利用文献集中词汇对或名词短语共同出现的情况来确定该文献集所代表学科中各主题之间的关系。因此，对词汇对出现频率进行分析能够得出旅居养老领域的研究热点和方向。在 CiteSpace 可视化软件中，选择节点类型为 Keywords，时间片阈值设置为 Top 50，网络切割剪枝算法选择最小生成树算法，可视化方法选择静态视图。运行 CiteSpace

对旅居养老领域相关文献进行可视化分析，生成关键词共现知识图谱，如图 12 - 3 所示。

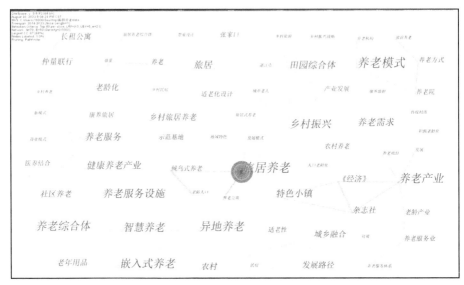

图 12 - 3　关键词共现知识图谱

由图 12 - 3 可知，主要检索词旅居养老的节点最大，出现频次最多，为 181 次，中心性为 0.68，构成了图谱的网络核心节点，为所有关键词连接的枢纽。旅居养老是老年群体出于旅游与养老的双重目的，前往旅居地持续性居住的生活方式，其在中国人口结构转变的进程中有效地契合了乡村振兴的国家发展战略。

与养老模式相关的关键词，包括养老模式、乡村旅居养老、医养结合、候鸟式养老及乡村养老等。家庭养老是我国养老的基本模式，但随着社会的发展，老年人的养老观念也发生改变，老年人更愿意尝试新型养老模式，如候鸟养老、抱团养老、医结合、旅居养老等。

与老龄化相关的关键词，包括人口老龄化、老龄化、积极老龄化及老龄人口等。根据第七次全国人口普查数据，我国 60 岁及以上的老年人口已达 2.64 亿人，人口老龄化程度达到 18.7%，老龄化程度进一步加深，老年人群的健康与养老问题备受关注。在当前人口老龄化背景下，随着养生与养老、旅游、休闲健身的融合，旅居养老成为养老服务行业的新业态。

与养老产业相关的关键词，包括养老产业、养老服务业、健康养老产业、养老机构及康养旅游等。当前，我国人口老龄化的加速发展给养老产业带来了巨大潜力，但人口的代际差异驱使市场节奏分化，养老产业正处于前所未有的发展机遇中。

在关键词共现知识图谱中，关键词中心性是测度节点在网络中重要性的一个指标。关键词的中心性越高，说明其在文献中的影响力越大。从中心性指标来看（表 12-1），老年人、旅居养老、养老模式、乡村旅居养老、乡村振兴等关键词中心性较高，与其他关键词之间的联系较为紧密，对文献之间的互引关系产生积极作用。

表 12-1　关键词频次

序号	关键词	频次	中心性	序号	关键词	频次	中心性
1	旅居养老	181	0.68	16	健康养老产业	4	0.07
2	乡村振兴	23	0.25	17	养老需求	4	0.2
3	养老模式	20	0.64	18	医养结合	4	0
4	老年人	19	0.93	19	社区养老	4	0.01
5	养老服务	17	0.11	20	养老	4	0.04
6	养老产业	14	0.24	21	候鸟式养老	4	0.04
7	人口老龄化	12	0	22	适老化	3	0.17
8	老龄化	8	0.09	23	乡村旅游	3	0
9	特色小镇	7	0.22	24	适老化设计	3	0.24
10	旅居	7	0.21	25	养老社区	3	0
11	积极老龄化	5	0	26	养老服务设施	3	0.09
12	养老方式	5	0.04	27	发展路径	3	0.01
13	养老服务业	5	0.04	28	乡村养老	3	0
14	田园综合体	5	0.09	29	康复	2	0
15	乡村旅居养老	5	0.28	30	农村	2	0

12.3.4　关键词时间分布

关键词聚类时间线知识图谱是以聚类名称为 y 轴，以文献发表年份为 x 轴，它可以显示每个聚类（即子域）的时间跨度和研究进展。利用 CiteSpace 可视化软件，在关键词共现中点击 "Timeline"，生成关键词聚类时间线知识图谱（图 12-4），可以更加直观地了解旅居养老研究领域主题热点的演进过程。

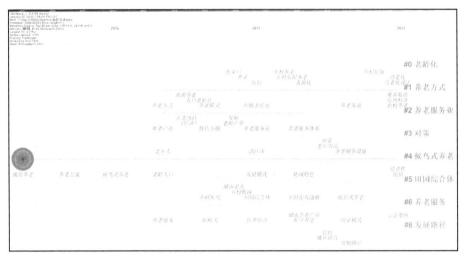

图 12 - 4　关键词聚类时间线知识图谱

由图 12 - 4 可知，在旅居养老研究领域中关键词共生成了 8 个聚类，代表 8 个研究方向，分别为老龄化、养老方式、养老服务业、对策、候鸟式养老、田园综合体、养老服务、发展路径。在聚类知识图谱中，聚类的模块值 Q 的大小与节点的疏密情况相关，$Q = 0.7449$，说明该领域研究的网络结构聚类效果较好，可以进行科学的聚类分析。平均轮廓值 S 的大小可以用来衡量聚类的同质性，$S = 0.4901$，表明该网络同质性较高，不同聚类划分较好。

从关键词时间分布来看，关键词旅居养老首次在 2014 年出现，在所有关键词中的频次排在首位。2014—2017 年，关键词出现数量较少，在此期间出现的关键词为旅居养老、养老公寓、候鸟式养老等。所谓候鸟式养老，即类似于候鸟的生活习性，部分老年人群体常常会选择短暂地离开原居住地，去往心目中的理想养老地进行生活和居住的一种现象。2017 年后，关键词数量显著上升，表明这一阶段学者们对于旅居养老的研究热度快速上升，相关研究的文章数量不断增多，出现的关键词包括乡村旅居养老、养老服务体系、田园综合体、医养结合、旅游养老等。近期出现的关键词包括适老化、康养旅游、农村养老、适老性等。

12.3.5 关键词突现分析

突现词是指较短时间内使用频次较高的关键词，可以在一定程度上帮助分析某段时间的研究趋势及发展方向。CiteSpace 软件能够从文献的题目、关键词、摘要等信息中提取候选专业术语，通过跟踪分析它们在一段时间内的出现频次，识别出代表研究前沿的若干关键词。利用 CiteSpace 可视化软件，在关键词共现网络基础上点击"Burstness"，绘制出旅居养老突现词知识图谱（图 12 - 5）。

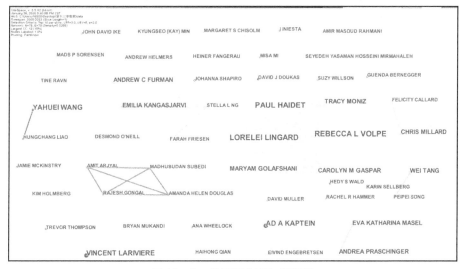

图 12 - 5 关键词突现知识图谱

在图 12 - 5 中出现了 10 个最具有引用激增性的关键词，时间段上的突出部分为突现词出现的起止时间和关键词的演进历程。从突现强度上看，强度最高的关键词为旅居养老，强度高达 6.2049，其余突现词强度较低。从突现词持续时间上看，10 个突现词持续时间均较短，旅居养老与养老需求的持续时间为 3 年，其余突现词持续时间均为 2 年。从研究趋势上看，2014—2018 年，旅居养老的研究内容以候鸟式养老、养老方式、养老产业为主；2019—2020 年，以田园综合体、养老服务业及医养结合研究为主；近 2 年的研究进展则更加关注社区养老及养老需求等研究内容。

12.4 研究结论

本章运用 CiteSpace 信息可视化软件，对近年来国内旅居养老研究文献进行数据梳理及可视化分析，探究了国内旅居养老领域研究的前沿热点与演进历程，包括年度发文量、研究作者、研究热点等，为我国旅居养老研究提供参考，主要结论如下：

从研究现状来看，旅居养老研究发文量整体呈现上升的趋势，具体分为稳步发展与快速上升两个阶段。在作者合作网络中，该领域的研究作者数量较多，作者间合作非常紧密，共出现了 17 个研究团队。从研究热点上看，旅居养老的研究方向主要集中于旅居养老方式、养老模式、养老产业、老龄化等，旅居养老、乡村振兴、养老模式、老年人及养老服务等关键词频次较高。从研究聚类上看，主要围绕老龄化、养老方式、养老服务业等 8 个集群展开，各聚类集中出现于 2020 年以后。在关键词时间分布中，关键词旅居养老在 2014 年首次出现；2014—2017 年，关键词出现数量较少，包括养老公寓、候鸟式养老等；2017 年后，关键词数量显著增加；近期出现的关键词包括康养旅游、农村养老等。从突现词上看，共出现 10 个突现词，突现词数量较少，且持续时间均为 2～3 年，其中，旅居养老的突现强度最高，而社区养老、健康养老产业及养老需求等仍属于近期研究热点。

综上，就整体研究情况来看，旅居养老领域相关的研究较多，是当前较为热门的研究领域。如何进一步利用信息可视化技术，对旅居养老及相关领域进行更详细的研究和分析，提高研究深度，这些可能都是未来潜在的研究重点。

参考文献

[1]陈悦，陈超美，刘则渊，等.CiteSpace 知识图谱的方法论功能［J］. 科学学研究，2015，33（2）：242－253

[2]邓捷.人口老龄化背景下"旅居＋养老"人才培养困境及对策研究［J］.成才之路，2022（8）：1－3.

[3]方礼刚."候鸟式"养老背景下乡村旅游养老模式设计分析［J］.农业经济，2022（5）：140－141.

[4]龚艳文，韩昊，郭瑞琪，等.旅居型养老模式市场研究——以南京为例［J］.海峡科技与产业，2019（12）：84－87.

［5］郝佳．养老服务中旅居养老模式探析［J］．旅游与摄影，2023（3）：47－49．

［6］黄惠榕，刘秦宇，韩雪琪，等.基于CiteSpace的国内外科护理教学模式的可视化分析［J］.医学理论与实践，2020，33（11）：1742－1745．

［7］李文放．北海旅居养老市场规范化建设中党建引领作用探究［J］.当代旅游，2022，20（2）：58－60．

［8］李文琦，王小燕．"十四五"期间我国旅居养老发展的挑战与机遇——以陕西省为例［J］.新西部，2022（9）：121－123．

［9］刘昌平，汪连杰．新常态下的新业态：旅居养老产业及其发展路径［J］.现代经济探讨，2017（1）：23－27，48．

［10］庞小笑．旅居养老目的地选址研究［D］.金华：浙江师范大学，2016．

［11］庞小笑，桑广书，雷声剑，等．旅居养老目的地研究综述［J］.旅游纵览（行业版），2015（24）：49－50，52．

［12］渠恩杰，裴婷婷．乡村振兴战略背景下农村养老问题与养老模式探究［J］．生产力研究，2022（6）：68－70．

［13］石龙，庞庆泉．健康旅居养老理念及模式选择［J］.合作经济与科技，2022（6）：151－153．

［14］涂静雯，李慧铭，宗荔，等.数智浪潮下陪伴式旅居养老模式的新探索——以黑龙江省为例［J］.商业经济，2023（7）：36－38．

［15］周榕，石磊，庄汝龙．中国旅居养老空间发展模式研究［J］.地理学报，2023，78（6）：1553－1572．

［16］WANG W，LU C. Visualization analysis of big data research based on Citespace［J］. Soft computing，2020，24（11）：8173－8186．

第三编

医学领域

第 13 章　医学人文

　　医学人文学科作为一种以人文问题为导向的医学方法，旨在影响医学的性质与实践。在国外，医学人文的学科最初形成 3 个问题域：①医学人文学科的研究方法；②如何将医学人文学科进一步纳入医学；③如何使医学人文学科成为医学决策的有效框架。在过去的几十年里，生命科学的范式不断发生转变，在此过程中，我们也开始研究人文对医学的贡献。

　　我们开始关注人文科学对医学的影响的原因为：①对疾病分子层次的还原改变了人们对诊断、预后和治疗的理解方式，这使人们坚信医学应该是整体研究（分子解释、诊断工具、治疗方法和患者护理相互作用），目的是探索和理解人类疾病，总结治疗疾病的经验。②医学人文教育和人文关怀的研究滞后于生物医学技术的进步。Self 探讨了美国医学人文课程的教学手段，其中包括文化传播法、情感发展法和认知发展法的特点。Wang 等提出医学人文关怀在医疗实践中的应用，可以解决政府管理、医疗技术、服务流程、医疗环境、医院管理等方面的问题。

　　本章利用 CiteSpace 可视化分析工具，对 1974—2022 年 Web of Science（WoS）数据库核心合集中收录的有关医学人文方面的 751 篇文章进行分析，研究国外医学人文研究历史、现状与发展趋势，为我国的医学人文领域的研究及医学人文教育提供相关的依据。

13.1　研究方法与数据来源

13.1.1　研究方法

　　本章利用知识图谱的方法进行研究。知识图谱是以科学知识为对象，显示科学知识的发展进程与结构关系的一种图形。人们在知识图谱的帮助下，可以透视人类知识体系中各个领域的结构，构造复杂知识网络，预测科学技术和知识前沿发展态势。知识图谱既是可视化的知识图形，又是序列化的知识谱系，显示了知识元和知识群之间的互动、交叉、演化或衍生等诸多复杂关系。本章选取 CiteSpace 软件作为分析软件，该软件主要可以对作者、关键词、机构、国家等一系列的信息进行可视化分析，以此梳理领域或学科的科学研究前沿和发展动态。

13.1.2　数据来源

本章数据来自 Web of Science（WoS）数据库，为提高文献的分析质量，选择核心合集数据库收录的文献。检索策略是检索词为文章题名或关键词中包含"medical humanities"，共检索到相关文献 1315 篇，除去学位论文、会议记录、报纸、外文期刊等条目，经过筛选，共计检索得到文献 751 篇，检索时间跨度为 1974—2022 年，检索时间为 2022 年 5 月 11 日。

13.2　国外医学人文领域文献统计分析

13.2.1　国外医学人文领域文献发表学科/期刊分类统计

对被检索出的 751 篇文献按照学科分布进行分析，排名前十的研究方向主要围绕伦理、保健科学服务、社会科学其他领域、教育科学学科、教育研究、公共环境职业健康、医学伦理学、科学历史哲学、图书馆情报学、社会问题等（表 13 - 1）。其中，伦理领域的文献占所有发表论文的 13.18%，保健科学服务及社会科学其他领域的文献分别占 12.52% 和 12.38%。按照出版物来源分，主要刊载论文的期刊分别是 *Social Science Medicine*、*Academic medicine*、*Scientometrics* 等。在排名前十五的期刊中，共发表医学人文领域研究的文章 322 篇，占所有 751 篇文章的 42.8%。根据布拉德福定律，核心区域包括的相关文献超过总量的 1/3，表示刊载关于医学人文文章的期刊已经形成国际化的期刊群，期刊分布涉及学科间的交叉融合态势。

表 13 - 1　医学人文领域学科分布

序号	研究方向	发文量/篇
1	Ethics	99
2	Health Care Sciences Services	94
3	Social Sciences Biomedical	93
4	Education Scientific Disciplines	87
5	Education Educational Research	82

续上表

序号	研究方向	发文量/篇
6	Public Environmental Occupational Health	71
7	Medical Ethics	67
8	History Philosophy of Science	57
9	Information Science Library Science	49
10	Social Issues	48

13.2.2　作者合作网络

在期刊上发表的论文总数在一定程度上代表了作者在该领域的学术地位，作者合作网络能够清晰反映研究的核心作者群体及其合作关系。本章运用 CiteSpace 软件对数据进行可视化分析，运行结果如图 13-1 所示，其中，名字和节点的大小代表作者合作发文的数量，节点间的连线表示不同作者间的合作关系，连线的粗细代表合作的紧密程度。通过分析研究领域的作者发文数量和作者间的联系，可以发现高产作者及高影响力作者（表 13-2）。

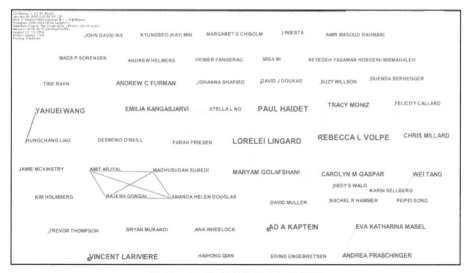

图 13-1　作者合作网络知识图谱

表 13-2　高产作者前十名

名次	作者	时间	发文量/篇	连接度
1	AD A KAPTEIN	2009 年	11	2
2	DELESE WEAR	2007 年	9	6
3	VINCENT LARIVIERE	2009 年	8	3
4	JOHANNA SHAPIRO	2009 年	7	4
5	ALAN BLEAKLEY	2013 年	6	0
6	P RAVI SHANKAR	2007 年	6	2
7	DAVID J DOUKAS	2010 年	6	4
8	JANE MACNAUGHTON	2011 年	5	0
9	RITA CHARON	2010 年	5	0
10	REBECCA L VOLPE	2018 年	5	10

从图 13-1 可以看出，共有 309 个节点和 150 条连线，整体网络密度为 0.0032。主要的合作群体由德莱塞·维尔（DELESE WEAR）、约翰娜·夏皮罗（JOHANNA SHAPIRO）、大卫·杜卡斯（DAVID J DOUKAS）等人组成，作者彼此间合作较强。从作者合作发文量上看，排名前三的为卡普斯坦（AD A KAPTEIN）、德莱斯·威尔（DELESE WEAR）、文森特·拉里维耶尔（VINCENT LARIVIERE），合作发文量在 4 篇及以上的作者有 15 位；从研究作者的合作度上看，主要作者间的合作度较高，结合图 13-1，可以认为在相关领域内局部形成严密成熟的合作网络。总体来说，高产作者与合作度有着明显的联系，主要的合作网络较为密集。

13.2.3　研究机构网络

研究机构合作网络图谱诠释了该领域研究力量的空间分布。为了发现推动研究发展的机构，本章用 CiteSpace 软件工具中的合作网络分析功能，挖掘研究领域的研究机构的网络关系，该网络关系能直观地反映机构间的合作情况，能为科学评价机构在学术范围内的影响力提供参考。

运用 CiteSpace 软件对数据进行可视化分析，在该软件的 Time Slicing 设定为 "1974—2022"，Years Per Slice 设为 "5"，Node Types 面板选择 "Institution"，其他选项为系统默认选项，运行可得到研究机构分布网络图谱，如图 13-2 所示，其中，节点的大小表示该研究机构发表期刊论文的数量，节点间连线的粗细表示不同机构间的合作强度。

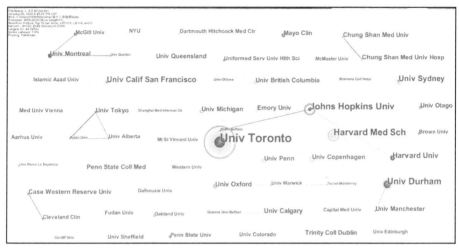

图 13-2 机构合作网络知识图谱

从图 13-2 可以看出，研究样本中共包含 123 个节点，连线有 82 条，网络密度为 0.0109，主要机构的合作网络分布较为均匀。为了深层次分析研究机构的成果及合作关系，对图 13-2 进行进一步的数据挖掘，得到合作发文量排名前十的研究机构，见表 13-3。合作发文量最多的是 Univ. Toronto、Univ. Sydney、Johns Hopkins Univ.。从单位的合作度来看，主要研究机构的合作度较好，说明目前医学人文领域已建立了较为成熟的机构合作网络。

对医学人文领域发表成果的研究机构进行分析，得出前十位的研究机构主要集中在美国（5 所）、加拿大（3 所）和英国（2 所）。由此也可以看出，欧美国家不仅重视医学的技术领域，对人文领域也是相当重视的。

表 13-3 高产机构前十名

名次	机构	时间	发文量/篇	合作度
1	Univ. Toronto	2005 年	42	4
2	Univ. Sydney	2005 年	25	1
3	Johns Hopkins Univ.	1999 年	18	7
4	Columbia Univ.	1998 年	15	2

续上表

名次	机构	时间	发文量/篇	合作度
5	Harvard Univ.	2009 年	15	3
6	Univ. Michigan	2011 年	14	4
7	Kings Coll London	2004 年	14	6
8	Univ. Durham	2002 年	13	2
9	Mayo Clin	2010 年	13	4
10	Harvard Med Sch	2017 年	13	4

13.2.4 关键词共现

共词分析的主要途径之一便是提取目标文献的关键词、摘要等题录信息，通过词的共现关系形成直观的知识图谱。对高频关键词的研究，可以揭示一段时间内某领域研究的热点。本章阈值选择 g-index = 25，进行关键词共现分析。文献的热点关键词共现图谱如图 13 - 3 所示，在图谱中一共有355 个高频关键词，形成419 条连线。图 13 - 3 中文字的大小代表关键词共现的频次，节点间的连线表示不同时间内建立的联系，连线的粗细表示关键词共现的强度。可以看出医学人文（medical humanity）是最大的节点，人文（humanity）和医学教育（medical education）次之。从软件中统计出的时间跨度上来看，人文（humanity）、同理心（empathy）出现时间较早，随后是护理（care）、健康护理（health-care）、社区（community），这些词代表当前国际上医学人文领域的研究趋势。可以看出，国际上在医学人文领域更重视人文护理、社区养老及医学人文教育这 3 个方面。

而最近则出现了研究伦理（research ethics）、艺术治疗（arts-based training）和叙事医学技术（descriptive skill）等关键词，这些可能成为未来研究的新方向。

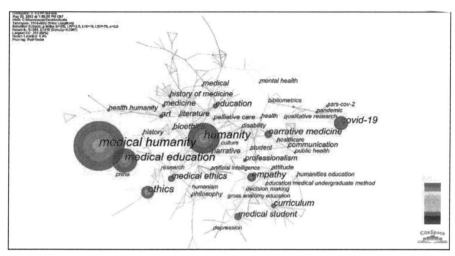

图 13 - 3　关键词共现图谱

　　关键词的中心性是不同关键词在该研究领域中位置关系的重要指标，也是判断学者们关注焦点的重要依据。从代表节点网络位置重要程度的中心度指标（表 13 - 4）来看，文化（culture）、同情（compassion）和决策（decision making）与其他热点关键词之间的通信较强，说明其经常处于和其他关键词通信的路径中，对文献之间的互引关系产生积极作用。

表 13 - 4　关键词中心性前十（按中心性排序）

名次	关键词	频次	中心性
1	culture	9	0.55
2	compassion	7	0.44
3	decision making	10	0.42
4	art therapy	1	0.41
5	humanity	124	0.36
6	art	26	0.36
7	attitude	14	0.35
8	health	10	0.3
9	ageing	2	0.25
10	student	13	0.23

13.2.5　关键词聚类

研究热点主题是特定学术领域学者关注的焦点，也是该领域在某一时期主要探讨问题的体现。关键词作为学术论文的重要组成部分，凝练着论文的精髓，经常被用来研究探讨某领域的热点问题。基于此，本章采用 CiteSpace 软件及对数似然率算法进行关键词共现的聚类分析，以直观反映医学人文的研究热点主题，其呈现的关键词聚类视图如图 13－4 所示，色块代表聚类的区域。节点数为 355，连线数为 1202，网络密度为 0.0191。模块值 Q 的大小与节点的疏密情况相关，Q 值越大说明聚类效果越好，可以用来进行科学的聚类分析。平均轮廓值 S 的大小可以用来衡量聚类的同质性，S 值越大说明网络的同质性越高，表示该聚类是具有高可信度的。从图 13－4 可以看出，$Q=0.4513$，说明该网络结构聚类效果好；$S=0.7401$，说明该网络同质性较高，不同聚类划分较好。图 13－4 展现出十大聚类，以医学教育（medical education）、医学人文（medical humanities）和新冠状病毒肺炎（covid-19）为首。前五大聚类的平均出现时间为 2001—2015 年，说明相关研究在此时期成熟。最大的聚类为医学教育（medical education），出现时间为 2008 年，共包含 48 个关键词，主要的关键词有医学教育（medical educa-tion）、同理心（empathy）、姑息治疗（palliative care）、定性研究（qualita-tive research）、医学生（medical students）（表 13－5）；该聚类中最为活跃的文献为 Turton 和 Benjamin Mark 的 *Arts-based palliative care training，educa-tion and staff development：a scoping review*。

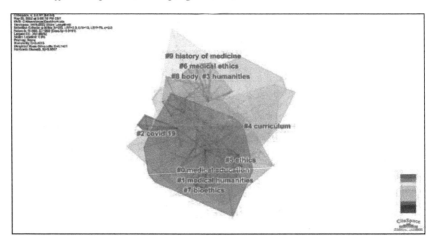

图 13－4　关键词聚类图谱

表13-5 聚类的主要关键词

名次	聚类名	主要关键词	平均年份	关键词数量
1	medical education	medical education (34.49, 10^{-4}); empathy (31.43, 10^{-4}); palliative care (17.02, 10^{-4}); qualitative research (16.13, 10^{-4}); medical students (14.81, 0.001)	2008	48
2	medical humanities	medical humanities (61.22, 10^{-4}); health humanities (36.89, 10^{-4}); poetry (25.34, 10^{-4}); medical anthropology (18.07, 10^{-4}); tuberculosis (14.45, 0.001)	2011	45
3	covid-19	covid-19 (71.17, 10^{-4}); pandemic (41.51, 10^{-4}); ibliometrics (22.97, 10^{-4}); coronavirus (22.97, 10^{-4}); sars-cov-2 (18.36, 10^{-4})	2015	41
4	humanities	humanities 35.67, 10^{-4}); medicine (27.71, 10^{-4}); philosophy (24.39, 10^{-4}); interdisciplinarity (18.93, 10^{-4}); narrative (14.38, 0.001)	2009	40
5	curriculum	curriculum (54.95, 10^{-4}); education medical undergraduate methods (42.94, 10^{-4}); humanities education (34.3, 10^{-4}); medical (30.86, 10^{-4}); clinical competence (25.68, 10^{-4})	2001	34

13.2.6 不同国家学者关注的研究主题分布

为了揭示不同国家学者关注的研究主题分布趋势,本章利用 CiteSpace 软件对国家合作和关键词共现进行分析,基于每篇文献的作者国别属性和关键词关系属性绘制二模混合网络。

在 CiteSpace 信息可视化软件中，将 Years Per Slice 设置为 1 年，阈值选择 g-index =25，并在 Pruning 选项中设置 Pathfinder、Pruning the merged network 等参数，以关键词共现和国家合作混合网络的方法为主，生成国内外医学人文研究国家和关键词热点混合图谱（图 13 - 5）与关键词频次表（表 13 - 6）。图 13 - 5 中圆形节点代表国家或地区，加号节点表示关键词，网络中一共有 551 个节点、1193 条连线。

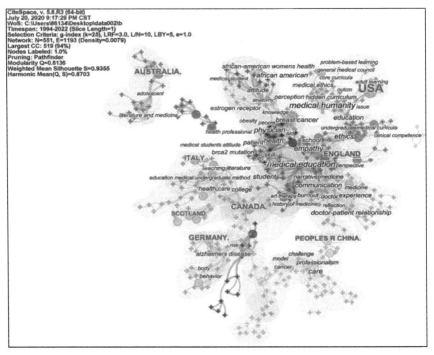

图 13 - 5　医学人文领域国家和关键词混合网络

表 13 - 6　混合网络节点频次信息

频次	突现频次	中心度	新颖性	关键词或国家
315	—	0.24	1	medical humanity
210	4.45	0.03	1.16	USA
117	—	0.06	1	ENGLAND
75	4.33	0.14	1.76	education
57	—	0.27	1	medical education

续上表

频次	突现频次	中心度	新颖性	关键词或国家
39	—	0.07	1	student
37	—	0.25	1	care
36	—	0.05	1	narrative medicine
34	—	0.05	1	art
30	—	0.29	1	health
28	—	0.07	1	CANADA
27	3.79	0.04	1.16	humanity
26	—	0.08	1	AUSTRALIA
23	—	0.04	1	GERMANY
23	—	0.18	1	empathy
22	—	0.13	1	ethics
22	—	0.1	1	health care
21	4.13	0.09	1.43	curriculum
20	—	0.04	1	medicine
19	—	0.2	1	physician

在国外的医学人文研究领域，主要关键词有医学人文（medical humanity）、教育（education）、医学教育（medical education）、叙事医学（narrative medicine）、学生（student）、卫生保健（health care）等。其中，医学人文共现频次最高，为 315 次。从国家来看，美国的合作频次最高，为 210 次；其次为英国，合作频次为 117 次；加拿大的合作频次为 28 次。

从混合网络中不同国家或地区的结构分布来看，各个国家或地区之间分布界限清晰，分别位于图谱四周。其中，中国相关研究的关键词主要有挑战（challenge）、模型（model）、专业（professionalism）、癌症（cancer）、关怀（care）等。

美国相关研究关键词主要有成人学习（adult learning）、医学人文（medical humanity）、医学伦理（medical ethics）、感知隐藏课程（perception hidden curriculum）、教育（education）等。

英国相关研究关键词主要有共情（empathy）、伦理（ethics）、医学教育

（medical education）、学院（school）、临床能力（clinical competence）等。

13.2.7　时区图

为了从时间维度研究发展演进过程，本章采用 CiteSpace 工具中的时区图对其进行分析。时区图能依据时间先后将文献的更新及文献间的相互关系清晰地展示在以时间为横轴的二维坐标中，如图 13 - 6 所示。在时区图中，节点的大小表示该关键词出现的频次，节点所处的年份表示该关键词首次出现的时间，节点间的连线表示不同关键词同时出现在一篇文章中，预示着不同时段间的传承关系。不同年份出现的文献数量代表该时间发表的成果，也说明该领域所处的时期或阶段。由图 13 - 6 可知，相关文献最大的节点为 2001 年提出的医学人文（medical humanity），早期的研究中高频关键词有人性（humanity）、共情（empathy）、医学史（history of medicine）等。研究的相关概念跨度长，影响范围大，高频词集中在 1992—2008 年区间，说明此时期的研究热度较高，奠定了相关研究的基础。相关研究持续到现在，后续的研究逐渐提出不一样的概念。最近的概念则是提出本科医学教育（undergraduate medical education）、精神病学（psychiatry）、伦理学研究（research ethics）等新关键词。

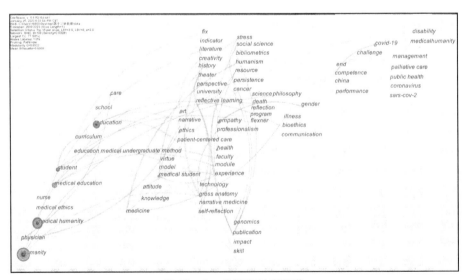

图 13 -6　关键词时区图谱

13.2.8 结构性变异

软件的研发团队曾在《CiteSpace 知识图谱的方法论功能》一文中明确指出 CiteSpace 能够"对特定领域文献（集合）进行计量，以探寻出学科领域演化的关键路径及其知识拐点，并通过一系列可视化图谱的绘制来形成对学科演化潜在动力机制的分析和学科发展前沿的探测"。这里展现出一幅美好的研究图景，可以帮助研究者提升学术研究的效率。

研发团队的描述虽好，却有学者指出工具的美好愿景与现实使用之间可能存在着一条鸿沟。这些学者认为这条鸿沟的产生是源于 CiteSpace 软件设计逻辑上本体论和方法论的不对称性困境。该软件设计理念的哲学基础是波普尔的"三个世界"理论，该理论将整个世界划分为物理世界（世界 1）、精神世界（世界 2）、客观知识世界（世界 3）。CiteSpace 是通过将世界 3 中的知识内容进行知识图谱可视化来认识世界 1，在这里其本体论和认识论是相契合的。

CiteSpace 的设计者在本体论层面利用了波普尔的"三个世界"理论，但是关于软件认识论的陈述中却使用了库恩的范式理论，这种认识论与本体论层面的不对称导致了其在方法论层面难以实现"对学科演化潜在动力机制的分析和学科发展前沿的探测"。

CiteSpace 需要在认识论和方法论的陈述上回归到波普尔的证伪主义。波普尔的"三个世界"理论与其"证伪主义"密不可分。什么是好的理论，波普尔认为应该具有更大程度的"可证伪性"。波普尔把"可证伪性"作为衡量一个理论"科学性"的标准——可证伪性越强，科学性就越强，没有可证伪性，就没有科学性。波普尔认为，理论表述的经验对象越普遍，经验内容越精确，那么它的可证伪度越高。

如何完成认识论层面的回归呢？波普尔认为理论覆盖范围越广就越可证伪，就越优越，因此应该使用 CiteSpace 软件寻找与现有知识背景具有广泛连接的理论，其因为具备更高的可证伪度成为更有价值的理论。因此，我们感兴趣的是在科学论文发表时通常可证伪和可衍生的信息，这些信息或想法可以提供更加新颖的理论预测。

基于此，陈超美在《结构变异对引文计数的预测效应》一文中似乎已经完成了认识论和方法论层面的"波普尔回归"。文中指出，在方法论层面利用 CiteSpace 提供的结构性变异分析，是基于"科学知识的发展是新发表科学文献所承载的一系列新的思想与现有知识结构之间相互作用的过程"构架，以及"若一种新思想连接了之前互不相干的知识板块，则它比那些囿于现有知识结构中较为成熟路径的思想更具变革潜质"判断。"连接了之前互不相干的知识板块"说明这个"新理论"包含的对象更普遍，描述更精确。换言之，由于"信息量和可证伪度成正比"，这个新理论的可证伪度更大。这种功能上的修正使我们得以找到"可证伪度更高"的理论，并且由于遵循了证伪主义的方法论，更加契合作为 CiteSpace 本体论的"三个世界"理论。

CiteSpace 证伪主义的方法旨在提供具体的证据线索，以说明一个想法对于当前科学领域的知识结构是新颖的。科学知识的发展是新发表的科学论文中所传达的一连串"可证伪度高"的新想法和知识结构相互作用的过程。每一个新想法都可能"证伪"当前的知识结构。对一个想法的潜在价值或"可证伪度"的预测，可以根据该想法所引入的结构变化的程度来进行计算。在这种情况下，CiteSpace 称这种方法为结构变异模型。

13.2.9　医学人文研究的结构变换模型

引文网络中的结构变换模型主要用于衡量一篇新论文引入网络后对现有网络结构变化的影响。结构变换模型主要包括 3 个测度结构变换程度的指标，分别是模式性变化率（ΔM）、聚类间链接变化率（ΔCLw）、中心性分散度（ΔCkl）。

模式性变化率（ΔM）指标是指施引文献使知识基础网络连线增加的情况。可以通过这一指标的大小来判断施引文献对网络结构变换的影响程度。这一指标的数值越大，施引文献对学科发展及发生变革的潜在影响力就越大，这样的施引文献就越可能是这一领域的前沿文献。本章对医学人文领域的文献进行模式性变化率分析，一共识别出 6 篇 $\Delta M > 0$ 的文献，见表 13 - 7。

表 13 – 7 文献的模式性变化率

序号	模式性变化率	文献
1	48. 48	Chisolm Margaret S, 2020, FAM MED, V52, P736, DOI 10. 22454/FamMed. 2020. 622085
2	23. 94	Smydra R, 2021, J CANCER EDUC, V37, P1267, DOI 10. 1007/s13187 – 021 – 02058 – 3
3	23. 94	Thacker N, 2021, MED HUMANIT, V42, P116, DOI 10. 1136/medhum – 2020 – 012127
4	23. 94	Fernandez Nicole J, 2021, J VET MED EDUC, V49, P393, DOI 10. 3138/jvme – 2020 – 0096
5	22. 72	Agarwal Gauri G, 2020, J MED HUMANIT, V41, P561, DOI 10. 1007/s10912 – 020 – 09652 – 4
6	22. 72	Rana J, 2020, CLIN TEACH, V17, P136, DOI 10. 1111/tct. 13130

其中，ΔM 数值最大的为 Chisolm Margaret S 的论文。该文模式性变化率为 48.48，将该文引入文献共被引网络中后，网络连线增加明显。该文链接的文献主要分布在 2 号聚类（图 13 – 7）。其次，Smydra R 的论文的模式性变化率为 23.94。将该文引入文献共被引网络中后，网络连线增加明显，该文链接的文献也主要分布在 2 号聚类（图 13 – 8）。Chisolm Margaret S 提出了一种基于"艺术博物馆"的创新医学人文教育的教学模式；Smydra R 的综述回顾了将艺术和人文学科嵌入医学院课程的方法与研究。

聚类间链接变化率（ΔCLw）主要表征施引文献基础网络节点连线在不同聚类之间的跨度情况。这一指标的值越大，说明施引文献吸收了多学科主题知识基础，交叉属性越强，就越有可能成为代表研究前沿的文献。本章对医学人文领域的文献进行聚类间链接变化率分析，发现 $\Delta CLw > 0$ 的文献一共有 7 篇，见表 13 – 8。

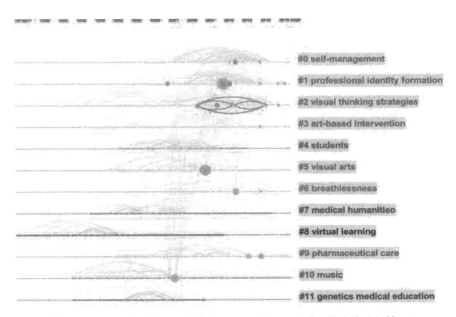

图 13 - 7 Chisolm Margaret S（2020）文献引入对网络连线增加情况

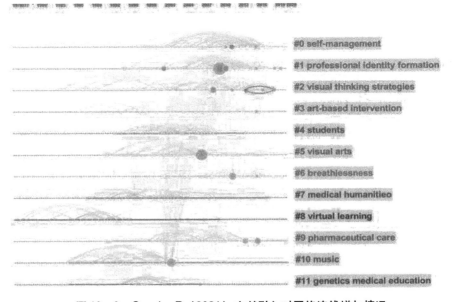

图 13 - 8 Smydra R（2021）文献引入对网络连线增加情况

表 13 - 8 文献的聚类间链接变化率

序号	聚类间链接变化率	文献
1	10.53	Rana J, 2020, CLIN TEACH, V17, P136, DOI 10.1111/tct.13130
2	8.7	Agarwal Gauri G, 2020, J MED HUMANIT, V41, P561, DOI 10.1007/s10912 - 020 - 09652 - 4
3	8.57	Chisolm Margaret S, 2020, FAM MED, V52, P736, DOI 10.22454/FamMed.2020.622085
4	7.14	Fernandez Nicole J, 2021, J VET MED EDUC, V49, P393, DOI 10.3138/jvme - 2020 - 0096
5	5.13	Thacker N, 2021, MED HUMANIT, V42, P116, DOI 10.1136/medhum - 2020 - 012127
6	4.55	Smydra R, 2021, J CANCER EDUC, V37, P1267, DOI 10.1007/s13187 - 021 - 02058 - 3
7	2.43	Dennhardt S, 2016, MED EDUC, V50, P285, DOI 10.1111/medu.12812

其中，Rana J 的论文引入文献共被引网络中后，其施引文献主要分布在 2 号聚类主题（图 13 - 9），说明该文献吸收了多个学科主题知识基础，具有较强的交叉属性，更可能成为代表研究前沿的文献。Rana J 综述了利用艺术教育来提高视觉诊断的研究。该文指出，艺术或医学人文正在被越来越多地用于对医务人员进行教育。

中心性分散度（ΔCkl）是用于测度施引文献引起的知识基础网络中节点的中心性分布的变化程度。中心性分散度的值越大，施引文献对基础网络中原有节点的中心度分布情况的影响越大，就越容易成为研究热点的文献。本章对医学人文领域的文献进行中心性分散度分析，发现 $\Delta Ckl > 0$ 的文献一共有 3 篇，见表 13 - 9。

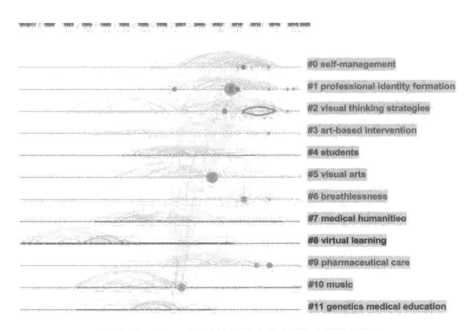

图 13-9 Rana J（2020）的文献在网络中的结构情况

表 13-9　文献的中心性分散度

序号	中心性分散度	文献
1	0.89	Reisman Anna B, 2006, J GEN INTERN MED, V21, P1109, DOI 10.1111/j.1525-1497.2006.00550.x
2	0.32	Myers Kimberly R, 2012, ACAD MED, V87, P1132, DOI 10.1097/ACM.0b013e31825cee9b
3	0.04	Dennhardt S, 2016, MED EDUC, V50, P285, DOI 10.1111/medu.12812

其中，Reisman Anna B 的论文引入文献共被引网络中后，对原共被引网络中节点的中心度分布影响最大，使网络的连线增加，跨越了 2 个聚类主题（图 13-10），因此从 ΔCkl 指标来看，该文章更容易成为医学人文领域的研究热点。Reisman Anna B 从叙事医学的视角，研究医生写作能力的培训对其专业能力和好奇心的影响，写作的主题包括焦虑、同情和治愈能力等。数据表明，写作研讨会是一个创造性的出口，在医生参与者中创造了一种社区意识，增强了医生对患者生活的共情，并增加了医生对于与职业相关

（如住院实习计划）的写作兴趣。

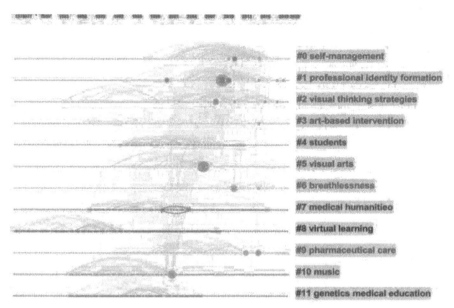

图 13 - 10 Reisman Anna B （2006）在网络中结构情况

综合模式性变化率（ΔM）、聚类间链接变化率（ΔCLw）、中心性分散度（ΔCkl）这 3 个指标来看，Rana J、Agarwal Gauri G、Chisolm Margaret S、Fernandez Nicole J、Thacker N、Smydra R 等人的文献与其他文献相比，其模式性变化率、聚类间链接变化率指标值均较高，因此这些文献在未来更具影响力，可以重点关注。值得注意的是，这些潜在影响力文献关联的文献集中分布于 2 号聚类主题，因此 2 号聚类主题是当前和未来学者们研究的重点前沿问题。

13.3 总结与展望

回顾近 100 年来医学人文学科的发展历程，第一次浪潮的时间是 1900—1960 年，特点是医学人文的兴起；第二次浪潮时间是 1960—1980 年，特点为生命伦理学的迅速发展；第三次浪潮时间是 1980 年至今，特点为医学人文浪潮的全球化。

第三次浪潮呈现出医学人文学科的多元化、全球化的趋势，更加关注不同文化之间的交流与对话；医学人文学成为医学教育改革的重要内容；医学人文学科的批判性加强，从伦理学的辩护走向生命政治学、美学批评及健康人文概念的提出。从 2011 年开始，医学人文领域的几个主题的交叉研究越来越突出，这些主题包括分子学、生物学、免疫学、心理学、教育、健康。对医学人文相关领域（应用系统、计算主义、人工智能、分子和生物遗传学等）的研究越来越多，这显示了医学人文领域的学科交叉性越来越强。

从整体发文趋势看，医学人文主题的文章发文量呈逐年递增趋势，表明对医学人文主题的研究呈现蓬勃发展趋势，受到越来越多研究者的重视。但整体而言，每年发文量相较于临床相关文章的研究数量仍有较大差距，说明对医学人文的研究还处于蓬勃发展的状态。因此，未来的研究者除了关注医疗技术的研究，也不能忽视对医学人文的关注，这既是医学发展的必然需要，也对研究者自身素质的提高具有良好作用。

医学人文是 20 世纪兴起的以反思医学目的、维护医学尊严、坚守医学良知等为内容的学术思潮、教改实践和文化运动。对整体医学人文主题文献进行分析发现，1974—2022 年学界在该领域研究的热点主要有针对医学人文元理论、医学人文教育的研究，以及关注医患关系、医患沟通、医学模式的发展。医学人文研究中对医学模式的关注也较多。在当前的"大健康"背景下，医学服务开始从预防、治疗疾病发展为对生命全过程健康的关注，追求的不仅是个体身体健康，还包含精神、心理、生理、社会、环境、道德等方面的完全健康，人文社会因素对健康的影响越来越大。新的医学模式不仅要求医生用医疗技术对患者进行诊治，更要求医生从患者心理及其社会因素角度综合考虑，为患者提供全方位的医疗服务。在生物－心理－社会医学模式提出的数余年间，医学人文学研究的范畴不断扩大，患者对医学人文的需求也不仅仅停留在心理层面，更加丰富的医学人文理念正被渴求。

国外医学人文研究近 50 年发展较快，但整体规模较小，在当前对健康研究的新形势下，医学人文领域有着巨大的发展潜力和空间，也迫切需要更多的研究者去关注、投入。研究者可重点关注医学人文教育、医学人文关怀、医患沟通、医学伦理等研究，期刊工作者可开展相关选题策划等来引导医学人文研究，促进医学人文研究的良好发展。

躯体健康、智力健康、心理健康和德性健康状态是人生健康状态的关键区域，是人所具有的内在价值的主要载体。生命值得敬畏，这既在于生命的道德担当，也在于生命本身的神圣和神秘。因此，德性健康是个体健康和社会健康最荣耀和最庄严的体现。

健康是一个动态的评价性概念，这种评价性概念从直观性评价到技术性评价再到价值性评价，中间贯穿了感性、知性和德性的力量。包含以上要素的综合健康评价，也应该成为当前和未来很长时间值得关注的医学人文研究的重要领域。"文化"地理解健康，最终指向"伦理"地理解健康，从而达到人对自身的彻底超越性理解，建立起真正的"人格性"——决定"人是人"的本质性要素。"文化"地理解健康，是人对自身作为人的本质的理解在健康问题上的具体化。

参考文献

［1］CHEN C. Predictive effects of structural variation on citation counts ［J］. Journal of the American society for information science and technology，2012，63（3）：431 –449.

［2］CHIAPPERINO L，BONIOLO G. Rethinking medical humanities ［J］. Journal of medical humanities，2014，35（4）：377 –387.

［3］CHISOLM M S，KELLY-HEDRICK M，STEPHENS M B，et al. Transformative learning in the art museum：a methods review ［J］. Family medicine，2020，52（10）：736 –740.

［4］SELF D J. The educational philosophies behind the medical humanities programs in the United States：an empirical assessment of three different approaches to humanistic medical education ［J］. Theoretical medicine，1993，14（3）：221 –229.

［5］SMYDRA R，MAY M，TARANIKANTI V，et al. Integration of arts and humanities in medical education：a narrative review ［J］. Journal of cancer education，2021，12（3）：1 –8.

［6］TURTON B M，WILLIAMS S，BURTON C R，et al. Arts-based palliative care training，education and staff development：a scoping review ［J］. Palliative medicine，2018，32（2）：559 –570.

［7］波普尔. 科学发现的逻辑 ［M］. 查汝强，邱仁宗，译. 北京：科学出版社，1986.

［8］陈悦，陈超美，刘则渊，等. CiteSpace 知识图谱的方法论功能 ［J］. 科学学研究，2015（33）：242 –253.

第 14 章　医学人文教育

　　医学人文教育融合了科学主义和人文主义两种医学教育理念，培养学生的综合人文素质，进一步提升医疗服务的人性化水准，以期满足适应社会高速发展下对于医学的新需求。为了进一步探究我国医学人文教育的研究脉络，把握该领域的研究动态，本章将利用 CiteSpace 可视化分析工具，通过分析 2012—2022 年 Web of Science（WoS）数据库核心期刊中发表的有关医学人文教育方面的 673 篇文章来研究国外医学人文教育的研究历史、现状与发展趋势，为我国的医学人文教育领域的研究及医学人文教育提供相关的依据。

14.1　研究方法与数据来源

14.1.1　研究方法

　　本章将利用知识图谱的方法来进行研究。知识图谱是以科学知识为对象，显示科学知识的发展进程与结构关系的一种图形。人们可以借助知识图谱的帮助，透视人类知识体系中各个领域和结构，构造复杂的知识网络，预测科学技术和知识前沿发展态势。它既是可视化的知识图形，又是序列化的知识谱系，显示了知识元和知识群之间的互动、交叉、演化或衍生等诸多复杂关系。本章选取 CiteSpace 软件作为分析软件，该软件可以对作者、关键词、机构、共被引等一系列的信息进行可视化分析，以此找到科学研究的前沿。

14.1.2　数据来源

　　本章数据来自 WoS 数据库，为提升文献的分析质量，选择 WoS 核心期刊数据库收集文献。检索策略为以 "medical humanities education" 为主题词在数据库中进行检索，最终得到 673 篇相关文献，检索时间跨度为 2012—2022 年，检索时间为 2022 年 6 月 26 日。

14.2　研究时空分布

14.2.1　文献数量分布

在一段时间内医学人文教育领域发表的学术文献数量，在一定程度上能够反映该领域学术研究的理论水平，也可以及时体现出社会发展与该领域之间的互动关系。通过文献数量变化预测某领域研究的发展趋势并做出合理的动态分析。对 2012—2022 年 WoS 核心文集数据库医学人文教育领域研究发文量进行统计，结果如图 14 - 1 所示。

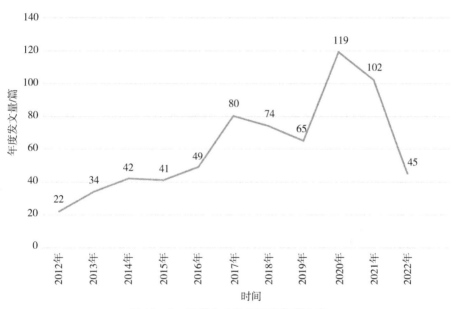

图 14 - 1　医学人文教育研究年度分布

由图 14 - 1 可知，在 2012—2022 年这 10 年间，关于医学人文教育研究的发文数量总体上处于波动上升的状态。2016 年前，发文量均在 50 篇以下。2016 年后，发文量增加较为明显，特别是在 2016—2017 年及 2019—2020 年这两个时间段，发文量急速上升，并在 2020 年达到顶峰，为 119 篇。虽然发文量在 2021 年有着小幅回落，但变化幅度并不明显，说明 2020 年后，国际学者关于医学人文教育研究重视程度及研究热度持续走高。由于检索时间在 2022 年并非整数年，因此 2022 年的研究数量并不完整，预测在 2022 年末发文数量会再创新高。

14.2.2　国家数量分布

对国家发文量的统计可以快速了解近年来各个国家在医学人文教育研究领域的发文趋势及国家间的合作程度，利用 CiteSpace 知识可视化软件，Node Types 选择 Country，绘制出国家合作知识图谱，如图 14 – 2 所示。在图谱中，节点越大说明发文量越多；各个国家间的合作关系以连线的粗细展现出来，连线较粗表示合作比较紧密。

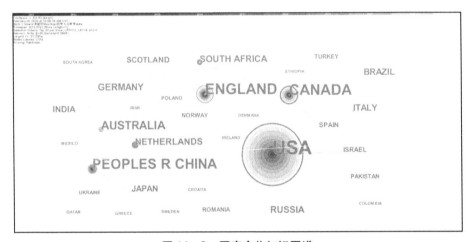

图 14 – 2　国家合作知识图谱

由图 14 – 2 可以看出，在医学人文教育领域近 10 年研究中，文献主要来源于美国、英国、加拿大、中国、澳大利亚等 34 个国家，以上 5 个国家的发文量分别为 253 篇、72 篇、71 篇、53 篇、27 篇。各个国家间的合作较为紧密，连线共 39 条。美国的节点最大，发文量在各国家中遥遥领先，并且处于合作中心，与加拿大、英国等国家共同构成了网络核心节点。与美国各研究机构合作较为密切的国家包括俄罗斯、荷兰、罗马尼亚、以色列、哥伦比亚和比利时等。与加拿大各研究机构合作较为密切的有南非、意大利、西班牙、丹麦等国家。值得注意的是，虽然荷兰发文量在整体国家发文量中并不突出，但中心性在所有国家中排在首位，其与中国、英国、波兰等 9 个国家均有合作关系。

14.2.3　作者合作网络

在期刊上发表论文的总数在一定程度上代表了作者在该领域的学术地位，作者合作网络能够清晰地反映研究的核心作者群体及其合作关系。CiteSpace 知识图谱软件可以绘制出医学人文教育研究文献的来源作者图谱，以此查看作者在合作网络的重要性指标及网络属性。本章设置 Node Types 为 Author，时间跨度为 2012—2022 年，Years Per Slice 为 1 年，Top N 值为 15，以此为基础绘制主要作者合作知识图谱（图 14 – 3）。

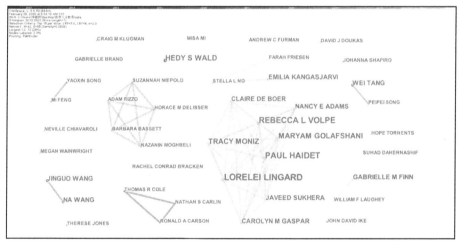

图 14 – 3　作者合作知识图谱

从图 14 – 3 可以看到，在作者合作网络中，共出现了 42 个研究作者，作者间连线为 55 条，作者合作关系较为紧密，包括 7 个研究合作团队。其中，以 REBECCA L VOLPE 及 LORELEI LINGARD 等作者为中心的研究团队规模最大，共包括 12 个作者；次之的是以 ADAM RIZZO 等作者为中心的合作团队，包括 5 个作者；其他的合作团队规模较小。从研究作者的合作度上看，主要作者间的合作度较高，说明在医学人文教育领域相关研究领域内局部形成了严密成熟的合作网络。

在作者发文量中，医学人文教育领域内的研究作者发文量较为平均，极差较小，最大的发文量为 6 篇。发文量在 4 篇及以上的作者为 LORELEI LINGARD、PAUL HAIDET、REBECCA L VOLPE、TRACY MONIZ、HEDY S WALD、MARYAM GOLAFSHANI。其中，LORELEI LINGARD 是韦仕敦大学的研究学者，其认为医学人文学科作为一个整体，不能简单地根据描述性类别进行系统化区分。概念分析支持建立一个概念框架，在该框架中，医学教育中的艺术和人文学科的重点可以与其相关的教学和学习认知功能一起映射。在话语分析中，其发现艺术与人文和医学之间的关系有 3 种主要的构建方式，分别是内在的、加性的和治疗性的。PAUL HAIDET 是宾夕法尼亚州立大学的研究学者，主要研究了艺术在医学教育中的重要性，他认为艺术具有独特的品质，有助于创造新颖的方式吸引学习者。这些新颖的参与方式可以培养学习者发现和创造关于各种主题的新含义的能力，这反过来又可以带来更好的医疗实践。在每一个步骤中，教师的具体行动都可以增强学习者进入下一步的潜力。当学习者参与到一个群体的环境中时，这一过程可以得到加强，而这个群体本身也可以经历变革。

14.2.4　机构合作网络

机构合作网络知识图谱可以在一定程度上反映机构对该领域研究的贡献及合作关系。研究领域的机构的网络关系能够直观地反映机构间的合作情况，可为评价机构在学术范围内的影响力提供参考。运用 CiteSpace 软件对医学人文教育研究的主要机构的发文数量进行知识图谱绘制，得到研究机构分布网络图谱，如图 14 - 4 所示。其中，节点的大小表示该研究机构发表期刊论文的数量，节点间的连线表示不同机构间的合作强度，连线越多，表示合作强度越高。

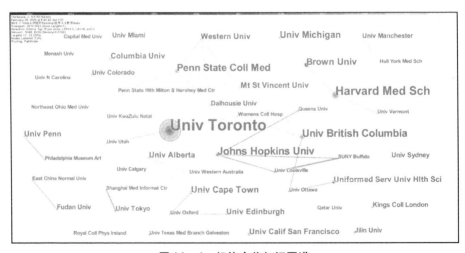

图 14 - 4　机构合作知识图谱

由图 14 - 4 可知，在医学人文教育研究领域内，共有 66 个机构参与研究，机构间共出现了 36 条连线，网络密度为 0.0168，表明机构间合作较为松散。发文量在医学人文教育研究领域中排名前五的机构有多伦多大学（Univ. Toronto）、哈佛医学院（Harvard Med. Sch.）、不列颠哥伦比亚大学（Univ. British Columbia）、约翰霍普金斯大学（Johns Hopkins Univ.）、宾夕法尼亚州立大学医学院（Penn State Coll. Med.），发文量分别为 28 篇、11 篇、8 篇、8 篇、7 篇。在发文量及机构合作图谱中，多伦多大学节点最大，发文量在机构中遥遥领先。数据显示，多伦多大学在 2013 年开始研究医学人文教育相关内容，为了证明医学人文学科正日益被认为对医学教育和医学实践产生积极影响，它搜索了加拿大、英国和美国所有认证医学院的课程网站，并计算了平均排名。结果表明，加拿大、英国和美国认证医学院的医学人文课程的范围和内容各不相同，医学院质量与医学人文课程之间似乎存在反比关系。哈佛医学院发文量排在第二位，它提供了具体的例子来说明如何以创新的方式实现 Web 2.0，以帮助实现医学人文学科的技能发展。

14.3　研究主题热点

14.3.1　关键词共现网络

共词分析的主要途径之一便是提取引文的关键词、摘要等题录信息，统计形成直观的知识图谱，研究主题热点可以通过高频关键词反映出来。在 CiteSpace 软件中，将 Years Per Slice 设置为 1 年，设置 Selection Criteria 中 TOP N 的值为 20，并在 Pruning 选项中设置 Pathfinder、Pruning the merged network 等参数，其他设为默认，以关键词共现网络的方法为主，生成医学人文教育研究关键词热点图谱（图 14 - 5）与关键词频次表（表 14 - 1）。

主题词教育（education）、医学教育（medical education）、人文（humanity）、医学人文（medical humanity）的节点非常突出，出现的频次排在前列，分别为 179 次、178 次、162 次、131 次。随着医学模式的转变，现代医学教育越来越强调医学人文在医学教育和医疗实践中的重要作用。

与高校相关的关键词包括大学生（student）、医学生（medical student）、课程（curriculum）、大学（university）、本科医学教育（undergraduate medical education）等。高校作为开展医学人文教育的主要平台，应该建议强化顶层设计、改变教育观念、定位人才培养目标和方向，并整合人文课程资

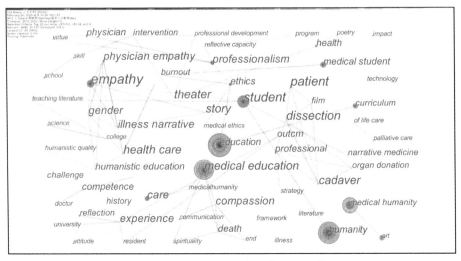

图 14 -5　关键词研究热点知识图谱

源、优化人文课程体系等。

关于相关课程的关键词有历史（history）、生命伦理学（bioethics）、医学伦理学（medical ethics）、文学（literature）等，体现出课程的多元化设计可以更好地渗透医学人文教育，提高医学人文教育水平。

表 14 -1　关键词的共现频次

序号	关键词	频次	中心性
1	education	179	0.29
2	humanity	178	0.14
3	medical education	162	0.15
4	medical humanity	131	0.13
5	student	102	0.61
6	empathy	70	0.48
7	art	66	0.05
8	medical student	65	0.14
9	curriculum	63	0.19
10	care	49	0.21
11	professionalism	47	0.24

续上表

序号	关键词	频次	中心性
12	ethics	45	0.2
13	school	31	0.03
14	health	30	0.16
15	physician	29	0.1
16	impact	26	0.01
17	narrative medicine	24	0.09
18	reflection	24	0.15
19	skill	24	0
20	communication	22	0.12

在 CiteSpace 中，关键词中心性是测度节点在网络中重要性的一个指标。此指标可用来发现和衡量文献的重要性，并在知识图谱中用紫色圈对该类文献进行重点标注，同时也是判断学者们关注焦点的重要依据。从代表节点促进作用的中心性指标（表 14 – 1）来看，关键词大学生（student）、病人（patient）、共情（empathy）等的中心性较高，与其他关键词之间的联系较为紧密，说明其经常处于和其他关键词通信的路径中，对文献之间的互引关系产生积极作用。

14.3.2　关键词聚类分析

CiteSpace 软件可以进行聚类分析，将众多的文献关键词归类为不同模块，也可以将表意相同的关键词聚成同一个模块，将各个模块赋予标签显示出其关键词。通过在关键词共现网络的基础上点击"Cluster"，最终生成医学人文教育研究聚类知识图谱，如图 14 – 6 所示。

由图 14 – 6 可知，在聚类知识图谱中，出现了 86 个节点及 127 条连线。模块值 Q 的大小与节点的疏密情况相关，Q 值越大说明聚类效果越好，可以用来进行科学的聚类分析，$Q = 0.6971$，说明该网络结构聚类效果较好。平均轮廓值 S 的大小可以用来衡量聚类的同质性，S 值越大说明网络的同质性越高，表示该聚类是具有高可信度的，$S = 0.8123$，表明该网络的同质性较高，不同聚类划分较好。

对样本文献关键词进行聚类分析，共生成了 8 个模块，代表了 8 个研究

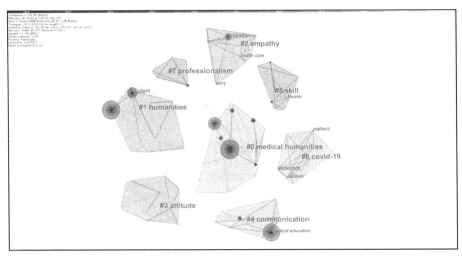

图 14 -6　关键词聚类知识图谱

方向，分别为医学人文（medical humanities）、人文（humanities）、同理心（empathy）、态度（attitude）、交流（communication）、技能（skill）、新冠肺炎（covid-19）、专业精神（professionalism）。8 个模块之间连线较多，联系较为紧密，故本章对一些重点模块所包含的关键词进行分析。

医学人文（medical humanities）、人文（humanities）的出现时间分别为2014 年与 2015 年。前者包括教育（education）、医学人文（medical humanity）、艺术（art）、医学生（medical student）等 15 个关键词，后者包括叙事医学（narrative medicine）、科学（science）、本科医学教育（undergraduate medical education）、跨学科（interdisciplinary）等 13 个关键词。

聚类态度（attitude）主要涵盖反思（reflection）、态度（attitude）、经验（experience）、能力（competence）等关键词，出现时间为 2015 年。这里的态度主要指学习态度，学习态度至关重要，正面积极的学习态度可以达到事半功倍的效果，也是开展医学人文教育的关键。

聚类新冠肺炎（covid-19）包括新冠肺炎（covid-19）、选择（dissection）、策略（strategy）、患者（patient）、水平（level）等关键词，因为世界各地正处于抗击新型冠疫情的常态化时期，医学人文教育显得尤为重要。

14.3.3　关键词时区分布

时区图能依据时间先后将文献的更新及文献间的相互关系清晰地展示

在以时间为横轴的二维坐标图中。在时区图中，节点的大小表示该关键词出现的频次；节点所处的年份表示该关键词首次出现的时间；节点间的连线表示不同关键词同时出现在一篇文章中，预示着不同时段间的传承关系；不同年份出现的文献数量代表该时间发表的成果，也说明该领域所处的时期或阶段。利用 CiteSpace 软件在关键词共现知识图谱的基础上点击"Time-Line"生成医学人文教育研究关键词年度演变知识图谱（图14-7），以更加直观地了解该领域研究的主题热点的演进过程。

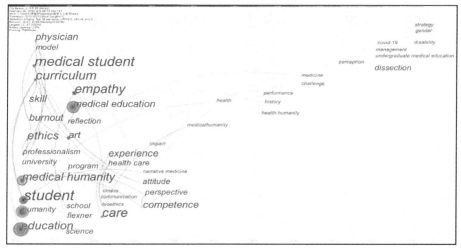

图14-7 关键词时间演变知识图谱

由图14-7可知，在医学人文教育领域，新增关键词首先出现于2012年，且2012年出现的关键词数量最多，包括节点较大的关键词教育（education）、医学人文（medical humanity）及学生（student）等。也可以看出，较多的关键词出现在2012—2016年，说明这一时间段学者们对于医学人文教育的研究较为集中，研究热度较高，奠定了相关研究的基础。在2016—2020年这5年间出现的关键词数量较少，但关于健康的关键词比较突出，如健康（health）、健康人文（health humanity）等。2021—2022年新增关键词数量明显增多，包括策略（strategy）、本科医学教育（undergraduate medical education）、跨学科（interdisciplinary）等，还出现了新冠肺炎（covid-19）等，还出现了covid-19等体现时事的关键词，体现出医学人文教育领域内的研究学者是紧跟时代发展的，研究内容较为前沿。

14.3.4 关键词突现分析

突现词是指出现频次在短时间内突然增加或者使用频次明显增多的关键性术语。对关键词突现词进行分析,可以探究医学人文教育领域的发展趋势及前沿热点。用 CiteSpace 可视化软件在关键词共现网络基础上进行突现词知识图谱绘制,如图 14 - 8 所示。

Top 21 Keywords with the Strongest Citation Bursts

Keywords	Year	Strength	Begin	End	2012—2022
model	2012	2.5361	2012	2014	
physician	2012	3.3446	2012	2015	
university	2012	1.7605	2012	2014	
skill	2012	6.1309	2012	2017	
medical humanity	2012	1.9413	2013	2016	
school	2012	2.209	2013	2017	
college	2012	1.8775	2013	2015	
health care	2012	2.1959	2014	2015	
doctor	2012	2.0439	2015	2017	
humanistic education	2012	2.0977	2015	2016	
perspective	2012	3.1518	2015	2016	
theater	2012	2.0977	2015	2016	
patient	2012	2.0977	2015	2016	
medical ethics	2012	1.9266	2016	2018	
health humanity	2012	3.0618	2017	2018	
history	2012	3.7439	2017	2018	
competence	2012	2.5525	2018	2020	
technology	2012	3.5558	2019	2020	
impact	2012	2.7923	2020	2022	
attitude	2012	4.1465	2020	2022	
communication	2012	3.1704	2020	2022	

图 14 - 8 关键词突现(激增)图谱

图 14 - 8 显示出了 2012—2022 年 21 个最具有引用激增性的关键词,图

中时间段上的突出部分清晰地展现出起止时间和关键词的演进历程。可以看出，在 2017 年之前，出现的突现关键词数量较多，包括模式（model）、技能（skill）、物理（physica）、学校（school）、大学（college）等关键词。其中，关键词 skill 持续时间最长，为 6 年；其次为关键词医学人文（medical humanity），持续时间为 5 年。在 2017 年以后，新增的突现词数量较少，且持续时间较短，大约为 3 年。而突现词影响（impact）、态度（attitude）、交流（communication）从 2020 年开始出现，并持续至今，属于近期的研究热点内容。

14.4　结论与展望

本章通过信息可视化软件 CiteSpace，从国内外两个角度，以研究国家或地区、机构、作者状况、研究热点与演进分析为重点，对医学人文教育研究进行文献挖掘和可视化分析，梳理了近 10 年来该领域研究的前沿热点及演进发展历程，为我国医学人文教育研究提供启发借鉴。

首先，中外医学人文教育研究关注度在持续上升。从研究年度发文数量上看，国内外对于该领域研究总体上均呈现波动上升的趋势，且国内的发文数量要高于国外。从国家来看，文献主要来源于美国、英国、加拿大、中国、澳大利亚等 34 个国家，其中美国的发文量最多，为 253 篇。从作者合作上看，作者间合作较为紧密，共出现 42 位作者，其中，以 REBECCA L VOLPE 及 LORELEI LINGARD 等作者为中心的研究合作团队最大。从机构发文量图谱来看，机构间合作研究比较紧密，多伦多大学（Univ. Toronto）、哈佛医学院（Harvard Med. Sch.）、不列颠哥伦比亚大学（Univ. British Columbia）等机构发文量较为靠前。

其次，在研究主题热点方面，关键词研究热点主要集中在（education）、（humanity）、（medical education）、（medical humanity）、（history）、（bioethics）等方面。在关键词聚类分析中，热点关键词均生成了 8 个模块，且聚类之间联系较近，聚类分别为医学人文（medical humanities）、人文（humanities）、同理心（empathy）、态度（attitude）、交流（communication）、技能（skill）、新冠肺炎（covid-19）、专业精神（professionalism）。在演进历程上，研究热点关键词较多地出现于 2012—2016 年，2012 年开始出现热点关键词。从关键词激增上看，突现词影响（impact）、态度（attitude）、交流（communication）从 2020 年开始出现，并持续至今，属于近期的研究热点内容。

医学人文教育是随着医学科技进步、社会发展、人们认知变化而发展的教育，医学人文教育必须纳入医学生的培养目标并贯穿医学教育的全过程。本章通过可视化分析，对 WoS 核心期刊数据库 2012—2022 年发表的以医学人文教育为主题的文献进行关键词热点及趋势分析，并通过二次文献分析，得出以下结论：一是当前医学人文教育研究热点主要集中在如何培育医学生人文精神、医学人文教学模式改革、医学人文教育实践等主题；二是当前医学人文教育的研究趋势主要是对医学人文教育内涵的深入、各医学人文教育教学模式的构建及筛选、新时代下医学人文教育的发展等方向。

综上，医学人文教育的发展需要结合时代背景的需求，明确医学教育内涵理念，改革创新教学模式并运用于实际教学中。

参考文献

[1]房宏君. 基于 CSSCI 的人力资源研究可视化分析 [J]. 科技进步与对策，2012，29（10）：132 – 137.

[2]李作学，张传旺，李文雅. 基于知识图谱的突发公共卫生事件研究可视化分析 [J]. 经营与管理，2022（4）：87 – 96.

[3]苏凤，梁红敏，樊文星，等. 医学人文教育现状相关研究的文献计量分析 [J]. 医学教育研究与实践，2022，30（3）：266 – 269，284.

[4]王晨，龙艺，胡安霞，等. 全国高等院校医学人文教育现状与对策研究 [J]. 医学与哲学，2022，43（5）：61 – 66.

[5]DENNHARDT S, APRAMIAN T, LINGARD L, et al. Rethinking research in the medical humanities：a scoping review and narrative synthesis of quantitative outcome studies [J]. Medical education，2016，50（3）：285 – 299.

[6]HAIDET P, JARECKE J, ADAMS N E, et al. A guiding framework to maximise the power of the arts in medical education：a systematic review and metasynthesis [J]. Medical education，2016，50（3）：320 – 331.

[7]HOWICK J, ZHAO L, MCKAIG B, et al. Do medical schools teach medical humanities? Review of curricula in the United States, Canada and the United Kingdom [J]. Journal of evaluation in clinical practice，2022，28（1）：86 – 92.

[8]KEMP S J, DAY G. Teaching medical humanities in the digital world：affordances of technology-enhanced learning [J]. Medical humanities，2014，40（2）：125 – 130.

第 15 章 医院管理

15.1 引言

近年来，随着我国医改政策实施落地，患者"看病难""看病贵"的问题有了很大程度的缓解。随着"互联网＋"的出现，数字医院被更多的人讨论，越来越多的信息化技术融合到医院管理中，为医院管理赋能。"十四五"期间，国家卫生健康委员会、国家中医药管理局联合印发了《公立医院高质量发展促进行动（2021—2025 年）》，提出 8 项具体行动，推动了公立医院的高质量发展。截至目前，国内未曾发现对医院的运营管理研究进展进行系统性的综述研究。通过对国外的医院管理领域的核心文献进行多角度分析，探索国外的医院管理的研究热点，为我国医院管理工作提供参考。本章着重梳理了我国 2012—2022 年医院运营管理研究现状及趋势，为系统认识并提升医院管理水平提供全面的经验性证据支持。

15.2 研究方法与数据来源

本章采用 CiteSpace 的知识图谱可视化分析的方法进行研究。为确保分析结果的可信性和准确性，仅对 Web of Science（WoS）数据库中的核心期刊进行主题词为"hospital management"的检索。最终检索到 2965 篇文献，所得文献数据中包含篇名、作者、机构等信息。检索时间为 2022 年 6 月 5 日。

15.3 作者合作网络

作者合作网络能够清晰地反映作者在医院管理领域研究的学术地位及对该研究领域的贡献程度，也能体现研究的核心作者群体及其合作关系。CiteSpace 知识图谱软件可以绘制出医院管理研究文献的来源作者图谱。图谱中的节点越大表示发文量越多；作者间的合作通过作者连线的粗细和颜色展现出来，连线较粗的表示合作比较紧密。本章设置 Node Types 为 Author，时间跨度为 2012—2022 年，Years Per Slice 为 1 年，Top N 值为 10，绘制主要作者知识图谱（图 15-1）及相对应的主要作者发文数量表格（表 15-1），以此来查看作者在合作网络的重要性指标及相关的网络属性。

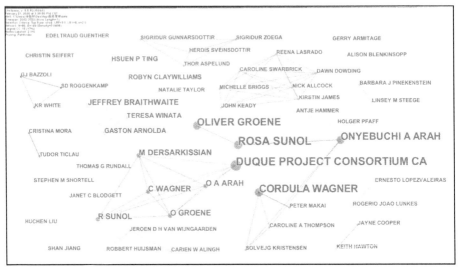

图 15-1　医院管理研究作者合作图谱

表 15-1　主要作者研究文献数量

序号	作者	发文量	时间
1	ROSA SUNOL	9	2014 年
2	DUQUE PROJECT CONSORTIUM CA	9	2014 年
3	CORDULA WAGNER	8	2009 年
4	ONYEBUCHI A ARAH	7	2014 年
5	OLIVER GROENE	7	2014 年
6	O A ARAH	4	2014 年
7	M DERSARKISSIAN	4	2014 年
8	R SUNOL	4	2014 年
9	JEFFREY BRAITHWAITE	4	2020 年
10	C WAGNER	4	2014 年
11	O GROENE	4	2014 年
12	ROBYN CLAYWILLIAMS	3	2020 年

续上表

序号	作者	发文量	时间
13	TERESA WINATA	3	2020 年
14	HSUEN P TING	3	2020 年
15	GASTON ARNOLDA	3	2020 年

由图 15 - 1 可以看出，在作者合作网络图谱中共有 86 个作者对医院管理进行了多篇文章的研究。在医院管理研究领域作者数量较多，作者间连线为 149 条，作者合作非常紧密，共出现了 14 个研究团队。从研究作者的合作度上看，主要作者中的合作度较高，可以认为在医院管理相关领域内局部形成严密成熟的合作网络。以 ROSA SUNOL 及 DUQUE PROJECT CONSORTIUM CA 等作者为中心的合作团队规模最大，包括 15 位研究学者。次之的是以 NICK ALLCOCK 为中心的研究合作团队，由 7 位研究学者组成。以 JEFFREY BRAITHWAITE 为研究中心的合作团队范围排在第三位，共包含 7 位研究学者。

整体上作者发文量比较平均。发文量较为靠前的作者有 ROSA SUNOL、DUQUE PROJECT CONSORTIUM CA、CORDULA WAGNER、ONYEBUCHI A ARAH 及 OLIVER GROENE，发文量均在 7 篇及以上。其中，ROSA SUNOL 及 DUQUE PROJECT CONSORTIUM CA 的节点最大，在医院管理研究领域发文量最多，为 9 篇。ROSA SUNOL 运用适应、目标达成、整合和延迟的社会学概念，探讨医院管理委员会的社会决定因素，重点探讨该概念的目标达成和整合因素，相应数据基于"加深我们对欧洲质量改进的理解"的研究，并采用多元线性回归进行分析。结果表明，如果医院管理委员会内部有团结意识和宗旨意识，医院管理委员会的执行力就更高。CORDULA WAGNER 的节点次之，发文量为 8 篇，其指出医院利益相关者往往缺乏标准化工具来评估医院质量管理策略的依从性和临床质量活动的实施情况，因此通过研究产生了 2 种可靠的工具，可用于现场访视，评估欧洲或其他地区医院对质量管理策略的遵守情况和质量管理活动的实施情况。

15.4　关键词热点分析

关键词是描述文章核心内容的代表性词汇，出现的频次越高，表明研究热度就越高。高频关键词可反映该研究领域的热点问题。共词分析是通过统计文献集中词汇对或名词短语的共现情况来反映关键词之间的关联强度，进而确定这些词所代表的学科或领域的研究热点、组成与范式，横向和纵向分析学科领域的发展过程和结构演化。在 CiteSpace 可视化软件中，将 Years Per Slice 设置为 1 年，设置 Selection Criteria 中 TOP N 的值为 10，并在 Pruning 选项中设置 Pathfinder、Pruning the merged network 等参数，以关键词共现网络的方法为主，生成医院管理研究关键词共现图谱（图 15 – 2）与关键词频次表（表 15 – 2）。

图 15 – 2　医院管理研究关键词热点知识图谱

（1）关于医院管理的关键词有医院管理（hospital management）、质量管理（quality management）、健康管理（health management）、医院管理（hospital administration）等。可以看出医院管理领域的整体研究在国外快速扩展，学者们也越来越关注医院管理本身的理论研究。20 世纪 90 年代以来，发达国家的医院管理都面临着两大难题，即人口步入老龄化和医疗保险制度的改革。对此，国外医院采取了一系列富有成效的管理举措，如调整医疗服务结构、注重医疗水平和专业化程度的提高等。

（2）与医疗相关的关键词包括保健（care）、医疗保健（hospital care）、医疗保健（health care）及 quality of care（护理质量）等。在马尔科姆·鲍德里奇国家质量奖中获奖的 5 个卫生保健系统有一个共同的管理模式，它们都强调实测性能，持续质量改进，以及对患者、医师、员工和社区利益相关者需求的响应。

（3）关于人员的关键词有护士（nurse）、医师（physician）、患者（patient）、老年人（older adult）、儿童（children）等。

从代表节点促进作用的中心性指标上看，2007 年出现的关键词医院管理（hospital management）的中心性最高，节点外围的圈最为明显，中心性为 0.53，与其他关键词联系最为紧密。其他中心性较高的关键词还包括死亡率（mortality）、影响（impact）、护理（care）等，与其他关键词之间的联系较为紧密，说明其经常处于和其他关键词通信的路径中，对文献之间的互引关系产生积极作用。

表 15 - 2　关键词频次

序号	关键词	频次	中心性	时间
1	care	167	0.35	2003 年
2	hospital	117	0.1	2002 年
3	health care	100	0.22	2002 年
4	impact	71	0.36	2003 年
5	quality	70	0.04	2003 年
6	performance	57	0.25	2006 年
7	model	47	0.06	2008 年
8	nurse	46	0.09	2011 年
9	system	40	0.03	2008 年
10	outcome	37	0.05	2005 年
11	health	36	0	2010 年
12	implementation	29	0.09	2006 年
13	risk	26	0.05	2004 年
14	hospital management	25	0.53	2007 年
15	mortality	24	0.39	2009 年
16	management	22	0.16	2005 年
17	service	21	0.05	2003 年
18	patient safety	20	0.03	2010 年
19	experience	16	0.09	2007 年
20	emergency department	16	0	2013 年

15.5 关键词时间分布

在关键词聚类的基础上，将每类关键词依据出现时间的先后由左向右依次展开，每个聚类包含的关键词处于聚类名称的下方，由此生成关键词时间线图。在 CiteSpace 可视化软件中，点击"Timeline"，生成基于聚类的关键词时间线图谱（图 15-3），可以更加直观地了解医院管理领域研究主题热点的演进过程。

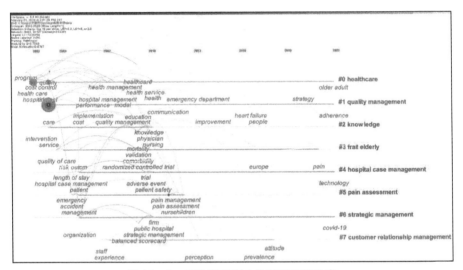

图 15-3 医院管理研究关键词时间分布

从图 15-3 可以看出，在关键词中共包含 8 个聚类，代表 8 个研究方向，分别为医疗保健（healthcare）、质量管理（quality management）、#2 知识（knowledge）、体弱老人（frail elderly）、医院病例管理（hospital case management）、疼痛评估（pain assessment）、战略管理（strategic management）、客户关系管理（customer relationship management）。聚类的模块值 Q 的大小与节点的疏密情况相关，$Q = 0.7243$，说明该网络结构聚类效果较好，可以用来进行科学的聚类分析。平均轮廓值 S 的大小可以用来衡量聚类的同质性，$S = 0.6767$，表明同质性较高，不同聚类划分较好。

从关键词时间分布来看，关键词首先出现在 2002 年，包括医院（hospital）、医疗（health care）、项目（program）等高频词。多数关键词集中出现在 2002—2012 年这 10 年，说明这一阶段国外学者对于医院管理的研究热度显著上升，相关研究的文献数量快速上涨。出现的关键词包括质量管理（quality management）、健康管理（health management）、死亡率（mortality）、医疗保健（healthcare）、平衡计分卡（balanced scorecard）等。质量理念是质量管理的理性观念和执着追求，先进的质量理念是现代医院质量管理的关键要素。当今医院质量管理理念需要与时俱进、及时更新，从而引领医院发展转型，适应高质量发展的要求。2012 年后，关键词数量开始减少，这一阶段的关键词有疼痛（pain）、依从性（adherence）、新冠肺炎（covid-19）、技术（technology）及老年人（older adult）等。

15.6　结论与展望

本章基于 WoS 核心合集进行医院管理主题词检索，发现国外医院管理研究更多是和临床工作相结合的管理方法的改进及管理措施的提出，这与我国医院管理的研究热点存在差异。有学者分析后发现我国医院管理研究的文章偏向于医疗安全与医疗质量管理、院前急救和心肺复苏、胸痛管理、社区慢性病管理。我们也对国内文献数据库中的医院管理文献进行了热点分析，通过对比发现，中文医院管理文章研究方向更多是分级诊疗、疾病相关诊断分组等政策和措施的研究。本章尚存以下不足之处：分析文献仅来源于 WoS 核心合集，研究覆盖面有一定局限；由于不同国家之间国情、社会性质、制度、政策等多方面有着较大的异质性，研究结果代表性可能不够。但本章的结果从某些角度仍然可以为我国医院管理拓宽研究思路，将管理与实际临床工作相结合，解决临床中实际遇到的问题，从而更好地实现管理目标。

目前国内公立医院运营管理研究趋势乐观，各公立医院运营管理能够较好地与财务管理、绩效管理、预算管理等方式结合。医院的运营管理复杂，需要根据医院的真实运营情况，加快推进全面预算管理、强化病种成本精细化管控、构建多维度绩效考核体系、加快信息化建设，转换思路，注入新鲜的技术与人才，全方位地提高公立医院运营管理能力。坚持公益性，以人民为中心，一切为了人民健康，向群众提供公平可及的医疗服务，完善医院管理制度，为人民的健康保驾护航。

参考文献

[1]高家蓉．关于现代医院质量管理理念的思考［J］．中国医院管理，2022，

42 (1): 5 - 7.

[2] 魏振港, 龙文燕, 卢丽琴, 等. 基于 CiteSpace 国内糖尿病视网膜病变护理研究可视化分析 [J]. 全科护理, 2022, 20 (18): 2453 - 2458.

[3] 杨柳, 王健. 浅谈国外医院管理 [J]. 中国卫生事业管理, 2007, 23 (5): 348 - 350.

[4] GRIFFITH J R, WHITE K R. The revolution in hospital management [J]. Journal of healthcare management, 2005, 50 (3): 170 - 189.

[5] PFAFF H, HAMMER A, BALLESTER M, et al. Social determinants of the impact of hospital management boards on quality management: a study of 109 European hospitals using a parsonian approach [J]. BMC health services research, 2022, 34: 112 - 126.

[6] WAGNER C, GROENE O, DERSARKISSIAN M, et al. The use of on-site visits to assess compliance and implementation of quality management at hospital level [J]. International journal for quality in health care, 2014, 26 (S1): 27 - 35.

第 16 章　国内外医共体

在建设整合型医疗服务体系的大背景下，作为推进分级诊疗建设的重要举措和重要抓手，医疗卫生共同体（简称医共体）的建设正在全国各地如火如荼地推进。医共体建设实践始于 2015 年。2017 年 4 月国务院办公厅印发《关于推动医疗联合体建设和发展的指导意见》（国办发〔2017〕32 号），正式提出要在县域组建医共体。2019 年，在总结各地典型实践基础上，国家卫生健康委员会、国家中医药管理局发布了《关于推进紧密型县域医疗卫生共同体建设的通知》《关于开展紧密型县域医疗卫生共同体建设试点的指导方案》，明确了县域医共体的建设思路。"十三五"期间，在国家政策持续赋能下，全国在 567 个县推进医共体建设，目前已建成 4028 个，县域内就诊率达到 94%，"大病不出县"目标基本实现。本章基于 CiteSpace 软件对医共体文献进行可视化分析，以了解当前医共体的研究热点及趋势，期望为丰富医共体的话语体系提供有力支撑。

16.1　数据来源

16.1.1　英文数据来源

本章英文数据来源于 Web of Science（WoS）核心文集数据库，为提高文献分析质量，在该数据库中，以主题词"medical community"进行检索。为保证数据的准确性和科学性，文献来源选择论文及回忆录论文，检索时间为 2022 年 8 月 26 日，共计检索得到文献 1220 篇。数据显示，年度分布为 2004—2022 年。

16.1.2　中文数据来源

中文数据来源于中国知网数据库。数据收集时间为 2022 年 8 月 26 日，为保证研究结果的科学性和准确性，在中国知网中进行高级检索，以"医共体"为主题词，文献来源选择学术，期刊检索时间为默认。最终得到 295 条文献数据。数据显示，年度分布为 2016—2022 年。

16.2　作者合作网络

作者合作网络能够清晰地反映作者在某领域研究的学术地位及对于该研究领域的贡献程度，也能体现研究的核心作者群体及其合作关系。CiteSpace 知识图谱软件可以绘制出医共体研究文献的来源作者图谱。图谱中的节点越大表示发文量越多；作者间的合作通过作者间连线的粗细和颜色展现出来，连线较粗的表示合作比较紧密。本章设置 Node Types 为 Author，Top N 值为 10，绘制国内外主要作者知识图谱（图 16 - 1、图 16 - 2），以此来查看作者在合作网络的重要性指标及相关的网络属性。

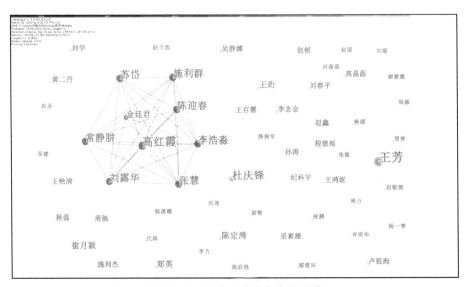

图 16 - 1　国内研究作者合作图谱

由图 16 - 1 可以看出，国内作者合作网络图谱中共有 108 个作者对医共体进行了多篇文章的研究。在医共体研究领域作者数量较多，作者间连线有 189 条，作者合作非常紧密，共出现了 11 个研究团队。从研究作者的合作度上看，主要作者中的合作度较高，可以认为在医共体相关领域内局部形成严密成熟的合作网络。以高红霞等作者为研究中心的合作团队规模最大，包括 9 位研究学者。次之的是以赵鑫等作者为中心的研究合作团队，由 6 位研究学者组成。以刘春平为研究中心的合作团队规模排在第三位，共包含 5 位研究学者。该研究团体共同研究的内容为：医共体开展医保支付方式改革，实行总额付费下的打包支付，在牵头医院和成员单位间建立了利益

图 16 -2　国外研究作者合作图谱

共享机制,激励牵头医院为基层医疗机构提供专家资源和技术帮扶,促进了成员单位服务能力的提升;同时,打包支付也控制了医共体内医疗费用的不合理增长,有效减轻了患者的费用负担。在后续的改革中,如何更好地发挥医保支付的激励约束作用及选择更加合理的医保支付方式,是医共体需要关注的重点。

从整体上看,国内作者发文量比较平均。发文量较为靠前的作者有王芳、高红霞、杜庆锋、李浩森、陈迎春、刘露华等,发文量均在 6 篇及以上。王芳的节点最大,在医共体研究领域发文量最多,为 9 篇。王芳是齐齐哈尔大学的研究学者,主要研究了医共体同质化建设下居家护理的实践与体会等,她提出在医共体同质化建设下开展居家护理,让患者在家里就能享受到三级医院的优质护理服务,缩短医院与患者距离,进一步推进"最多跑一次"改革,丰富护理专业内涵,拓展护理服务领域。居家护理实践提升了医院的形象,提高了医共体分院护理人员居家护理的能力,提高了居家护理患者及家属的满意度,充分体现了护理人员的自身价值。高红霞发文量排在第二位,发文量为 8 篇。她指出,当前县域医共体建设仍存在科学的利益分配机制尚未建立、统一的人财物管理难以落实、基层机构资源配置不足、双向转诊与激励考核机制不完善等问题。按人头总额预付下,医共体要实现利益共享、成本控制与质量控制,就必须加强内部纵向协同。基于纵向协同的关键要素——组织管理、资源、服务与利益,要建立健全医共体利益分配机制，下放医共体管理权限，加大投入，改革双向转诊与绩效考核机制，实现医共体内部各级医疗机构之间关键要素的纵向协同发展。

从图 16-2 可以看出，在国外作者合作网络中，有不少研究作者参与研究，且作者间的合作较为紧密。共出现了 10 个研究合作团队，规模最大的研究团队为以 NAHO TSUCHIYA 等为中心的研究团体，包括 11 位研究学者。以 NICHOL G 为中心的研究团体规模排在第二位，包含 8 位研究学者。分别以 BRENT MCLEOO 及 DAISY VOLMER 为中心的研究团体排在第三位，均包括 5 位研究学者。在其他的合作团队中，合作规模较小，每个研究团队均包含 2~3 位研究作者。

从整体上看，国外作者发文量同样比较平均。发文量排在前列的作者有 Naho Tsuchiya、Shochet Robert B、Moynahan Kevin F、Wright Scott M、Fleming Amy 等，发文量均为 4 篇。Naho Tsuchiya 等作者建立了以社区为基础的队列研究，以评估日本大地震对灾难受害者的长期影响及基因－环境相互作用对癌症和心血管疾病等主要疾病发病率的影响。他们要求参与者加入他们的研究中，参加健康体检设置和评估中心的设置。纳入标准为 20 岁或以上，居住在宫城县或岩手县。他们获得了关于生活方式的信息、灾难的影响、血液和尿液信息（第一类调查），以及一些详细的测量数据（第二类调查），如颈动脉超声和跟骨超声骨密度。所有与会者都同意测量基因组信息并广泛散发其信息。结果表明健康体检场所参与率约为 70%，第一类调查的参与者更有可能有心理问题。Shochet Robert B 等通过研究医学院学习社区的特点，得出结论：医学院学习社区代表了一系列高影响力的教育实践，其特点是社区和小团体结构、关系连续性和协作学习。

16.3 关键词热点分析

关键词是描述文章核心内容的代表性词汇，出现的频次越高，表明研究热度越高，高频关键词可反映该研究领域的热点问题。共词分析是通过统计文献集中词汇对或名词短语的共现情况来反映关键词之间的关联强度，进而确定这些词所代表的学科或领域的研究热点、组成与范式，横向和纵向分析学科领域的发展过程和结构演化。在 CiteSpace 可视化软件中，以关键词共现网络的方法为主，生成国内外医共体研究关键词共现图谱（图 16-3、图 16-4）。

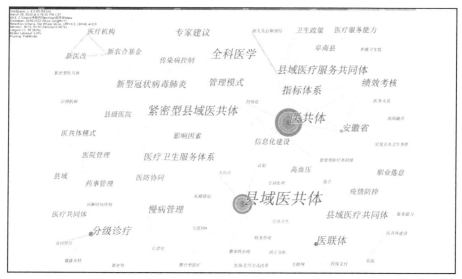

图 16-3　国内研究关键词热点知识图谱

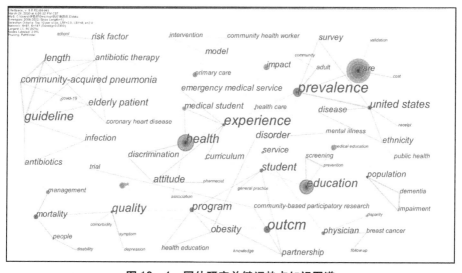

图 16-4　国外研究关键词热点知识图谱

　　（1）主要关键词医共体的节点最大，出现次数最多，为 102 次。医共体是县域医疗服务资源横向优化、纵向整合、参与各方都能获利的服务体系。其他与医共体相关的关键词包括医共体模式、医疗共同体、紧密型医疗共同体等。

（2）与县域医共体相关的关键词包括县域医共体、紧密型县域医共同体、县域医疗服务共同体、县域医疗共同体等。县域医共体是指以县级医院为龙头，以乡镇卫生院为枢纽，以村卫生室为基础，县乡村三级医疗卫生机构分工协作、三级联动的县域医疗服务体系。过去一段时间，我国城乡之间的医疗卫生服务水平差距较大，优质医疗资源主要集中在一线城市的大型医院，县域内尤其是基层的医疗卫生服务能力较薄弱。国务院办公厅在 2017 年印发《关于推进医疗联合体建设和发展的指导意见》，提出在县域组建医疗共同体，初步探索县、乡、村各级医疗机构分工协作、三级联动的一体化管理架构。2019 年国家卫生健康委员会在全国启动紧密型县域医共体建设试点，共确定 754 个县为试点县，截至 2020 年底共组建 4028 个县域医共体。

（3）关于诊疗的关键词包括分级诊疗、诊疗人数、整合型医疗等。分级诊疗制度是基本医疗卫生制度中最能体现基础性、长远性和系统性的重要制度。国家卫生健康委员会主任马晓伟指出，"分级诊疗制度实现之日，就是医改成功之时"。

从代表节点促进作用的中心性指标上看，2017 年出现的关键词医共体的中心性最高，节点外围的圈最为明显，中心性为 0.94，与其他关键词联系最为紧密。其他中心性高于 0.4 的关键词还包括安徽省、新型冠状病毒肺炎、全科医学、绩效考核、县域医共体、信息化建设等，与其他关键词之间的联系较为紧密，说明其经常处于和其他关键词通信的路径中，对文献之间的互引关系产生积极作用。

如图 16-4 所示，在国外关键词热点中，关键词 care 的节点最大，频次为 152 次，与 healthy、education 等关键词共同构成了网络核心节点。其他与 care 相关的关键词包括 primary care、health care 等。如今临床社区卫生工作者可能对临床效率和有效性产生重大影响，因为门诊初级护理诊所努力转型成为高质量、以患者为中心的医疗机构，其工作者为负责任的护理组织的关键人物。

关于疾病的关键词包括 disease、obesity、depression、morbidity、coronary heart disease 及 mental illness。可以看出国外学者对于 medical community 的研究主要集中于各类疾病中。如 Rea T D 等研究了关于紧急医疗服务对心脏病总死亡率的潜在影响，研究表明它可以使心脏病死亡率显著降低。Ceilley J W 等回顾了 70 名患者的住院和出院总结，并采访了治疗团队的病例管理人员。骨关节炎、高血压、丙型病毒性肝炎、胃食管反流病和反应性气道疾病是最常见的疾病。大多数患者是吸烟者，被诊断为酒精或非法物质使用障碍，这与该患者人群中的丙型肝炎病毒感染和反应性气道疾病有关。

与健康相关的关键词包括 health、health education、rehabilitation、healthy life 等。

在国外关键词中心性中，关键词 prevalence、outcm、quality、experience、student 的中心性较高，均超过了 0.3，说明它们与其他热点关键词之间的联系比较紧密，对文献之间的合作关系产生积极影响。

16.4　关键词时间分布

在关键词聚类的基础上，将每类关键词依据出现时间的先后由左向右依次展开，每个聚类包含的关键词处于聚类名称的下方，由此生成关键词时间线图。在 CiteSpace 可视化软件中，点击 "Timeline"，生成基于聚类的关键词时间线图谱，可以更加直观地了解医共体领域研究主题热点的演进过程（图 16 – 5）。

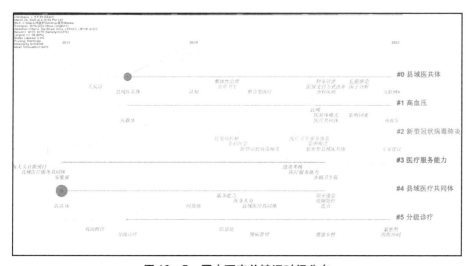

图 16 – 5　国内研究关键词时间分布

从图 16 – 5 可以看出，国内医共体研究关键词中共包含 6 个聚类，代表 6 个研究方向，分别为县域共同体、高血压、新型冠状病毒肺炎、医疗服务能力、县域医疗共同体、分级诊疗。聚类的模块值 Q 的大小与节点的疏密情况相关，$Q = 0.8035$，说明该网络结构聚类效果较好，可以用来进行科学的聚类分析。平均轮廓值 S 的大小可以用来衡量聚类的同质性，$S = 0.6479$，表明该网络同质性较高，不同聚类划分较好。

从关键词的时间分布来看，关键词首先出现在 2017 年，包括医共体、安徽省、县域医疗服务共同体、按人头总额预付等高频词。当前，县域医共体建设仍存在科学的利益分配机制尚未建立、统一的人财物管理难以落实、基层机构资源配置不足、双向转诊与激励考核机制不完善等问题。按人头总额预付下，医共体要实现利益共享、成本控制与质量控制，就必须加强内部纵向协同。2017—2019 年，关键词数量较少。多数关键词集中出现在 2019 年后，说明这一阶段国内学者对于医共体的研究热度显著上升，相关研究的文献数量快速上涨；出现了包括教务管理、医疗共同体、健康乡村等关键词，也出现了扎根理论、因子分析等研究方法，说明学者们运用多种研究方法对医共体进行研究。

从图 16 - 6 可以看出，国外医共体研究关键词中共包含 10 个聚类，即 10 个研究方向，分别是 machine learning、focus groups、curriculum、covid-19、system、prevention、cohort studies、people、community health workers、rehabilitation。聚类的模块值 $Q = 0.7616$，说明该网络结构聚类效果较好，可以用来进行科学的聚类分析。平均轮廓值 $S = 0.7306$，表明该网络同质性较高，不同聚类划分较好。

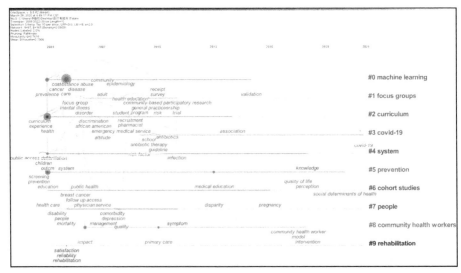

图 16 - 6　国外研究关键词时间分布

在国外医共体研究关键词的时间分布上，关键词首先出现在 2004 年，包括 prevalence、outcm、experience、education 等高频词。在 2004—2010 年这一阶段，新增关键词集中出现，说明此阶段关于医疗集团的研究热度显著上升，新增关键词包括 emergency medical service、focus group、public health、primary care 等。2010 年后，关键词数量开始减少，包括 covid-19、social determinants of health、community health worker 等符合时代特点的关键词。

16.5 结 论

本章运用 CiteSpace 信息可视化软件，从国内国外两个视角，对医共体研究文献进行数据整理以及可视化分析，梳理了近年来该领域研究的前沿热点与演进历程，包括研究作者、研究热点、演进分析等，为医共体相关研究提供借鉴与参考。

（1）对医共体的研究和关注在持续上升。根据作者发文量图谱，国内与国外对于该领域进行研究的作者数量相差不大，均有 100 多位研究学者。国内作者合作非常紧密，共出现了 11 个研究团队。规模最大的研究团队为以高红霞为中心的研究团队，由 9 位研究学者构成。其次是以赵鑫等作者为中心的研究合作团队，包含 6 位研究学者。其余合作团队规模较小。发文量较为靠前的有王芳、高红霞、杜庆锋、李浩淼等学者。国外各研究学者的整体发文量差距也不明显，发文量最大的为 Naho Tsuchiya，有 4 篇。但作者间合作同样较多，共出现了 10 个研究合作团队，其中，规模最大的研究团队为以 Naho Tsuchiya 等为中心的研究团体，包括 11 位研究学者。以 Nichol G 为中心的研究团体和以 Brent Mcleoo 及 Daisy Volmer 为中心的研究团体的规模紧随其后。

（2）从国内外医共体的研究热点上看，二者的研究内容和研究侧重点有所差异。国内医共体的研究热点，主要集中在县域医共体、县域医疗服务共同体、县域医疗共同体、分级诊疗、诊疗人数、整合型医疗等方面。国外医共体的研究热点聚焦于医疗、疾病、健康等方面，如 care、health、education、disease、coronary heart disease、mental illness、health education 等。

（3）从关键词演进历程上看，国际热点关键词演进在总体上关键词集中于 2004—2010 年，2010 年后关键词数量开始减少，但出现了包括 covid-19、community health worker 等符合时代特点的关键词。国内热点关键词主要出现在 2019 年以后，且热点关键词紧跟时代潮流，包括医疗共同体、健康乡村等。

参考文献

[1]国务院办公厅. 国务院办公厅关于推进医疗联合体建设和发展的指导意见 [J]. 中华人民共和国国务院公报, 2017 (13): 14-18.

[2]何蓓蓓, 高晶磊, 刘春平, 等. 医保支付方式改革对县域医共体建设效果的影响分析 [J]. 医学与社会, 2021, 34 (8): 108-111, 116.

[3]侯杰. 紧密型县域医共体建设显成效 [N]. 中国家庭报, 2021-12-06 (008).

[4]胡晓梅, 陈迎春, 胡锦梁, 等. 按人头总额预付下医共体内部纵向协同要素研究 [J]. 卫生经济研究, 2021, 38 (5): 30-33.

[5]李红梅. 县域医共体建设优化配置医疗资源 [N]. 人民日报, 2021-04-06 (007).

[6]李晶泉. 医联体视域下的分级诊疗制度建设研究——以浙江实践为蓝本 [J]. 卫生经济研究, 2022, 39 (5): 49-52.

[7]王芳, 陈慧, 陈文娟, 等. 医共体模式下护理同质化管理的实践 [J]. 中国医院管理, 2020, 40 (2): 81-82, 85.

[8]郁建兴, 涂怡欣, 吴超. 探索整合型医疗卫生服务体系的中国方案: 基于安徽、山西与浙江县域医共体的调查 [J]. 治理研究, 2020, 36 (1): 5-15.

[9]CEILLEY J W, CRUZ M, DENKO T. Active medical conditions among patients on an assertive community treatment team [J]. Community mental health journal, 2006, 42 (2): 205-211.

[10]REA T D, EISENBERG M S, BECKER L J. Emergency medical services and mortality from heart disease: a community study [J]. Annals of emergency medicine, 2003, 41 (4): 494-499.

[11]SHOCHET R, FLEMING A, WAGNER J, et al. Defining learning communities in undergraduate medical education: a national study [J]. Journal of medical education and curricular development, 2019, 6: 34-42.

[12]VOLKMANN K, CASTANARES T. Clinical community health workers linchpin of the medical home [J]. Journal of ambulatory care management, 2011, 34 (3): 221-233.